CHRISTOPH MATZL & CHRISTOPH BUDIN

SCHLAGZEILEN 2021

Ueberreuter

Buch und Redaktion: Christoph Matzl & Christoph Budin

Cover: Mag. Barbara Mungenast, Gerhard Mischling,
Layout: Georg Erhart, Mario Hölzl, Viola Schmid, Christian Wawra
Bildbearbeitung: Gerhard Mischling, Ing. Helmut Eisinger,
Werner Engelmeier, Christian Krapfenbauer, Elisabeth Polly,
Matthias Pospischil, Carola Rakowitz
Archiv: Martin Kriegel
Register: Margit Bandera

1. Auflage 2021

ISBN 978-3-8000-7778-6

Druck und Bindung: Brüder Glöckler GmbH, Wöllersdorf
www.ueberreuter.at

HELT • HANNES BAUMGARTNER • HUBERT BERGER • CONNY BISCHOFBERGER • CHRISTA
TOPH BUDIN • ALFRED-STEFAN BURGSTALLER • FELIX CERNY • HUBERT DAUM • MAIDA
RISTIAN EBEERT • BURGHARD ENZINGER • CLAUDIA FISCHER • KATRIN FISTER • GEORG
N GADERER • OLIVER GAISBAUER • CHRISTOPH GANTNER • GEORG GARANTINI • MARKUS
RABNER • EDDA GRAF • KARL GRAMMER • MICHAEL GRATZER • NICOLE GREIDERER • PHILIPP
MANN • WOLFGANG HAENLEIN • ALEXANDRA HALOUSKA • CHRISTOPH HARTNER • CHRISTIAN
• WALTER HOFBAUER • VERA HOFBAUER-RUSSWURM • ALEXANDER HOFSTETTER • HARALD
ER • GEORG KALLINGER • MANUELA KARNER • LISA KERN • FRITZ KIMESWENGER • PHILIP
RBARA KNEIDINGER • KLAUS KNITTELFELDER • RICHARD KÖCK • CHRISTINA NATASCHA
RIED KRIERER • MONIKA KRISPER • MAXIMILIAN KRONBERGER • ALBERT KURKA • GERNOT
EVA MARIA LEHNER • NATASCHA LEITNER • THOMAS LEITNER • DANIEL JOHANNES
LISCHKA • KLAUS LOIBNEGGER • ANTONIO LOVRIC • LUKAS LUSETZKY • CHRISTOPH
HL • MAGDALENA MISTLBERGER • MELINA MITTERNÖCKLER • REGINA MODL • MATTHIAS
MÖTZL • JÖRG MÜLLEDER • MARTINA MÜNZER-GREIER • ELISABETH NACHBAR • MATTHIAS
CHER • CHRISTOPH NISTER • MARTIN OBERBICHLER • SABINE OBERHAUSER • CHRISTIAN
RDI • SOPHIE PERAUS • MARK PERRY • MICHAEL PICHLER • KATHARINA PIRKER • STEFAN
POLLAK • JOSEF POMMER • THOMAS POYER • LISA PREARO • MARTINA PREWEIN • THOMAS
HUBERT RAUTH • MICHAELA REICHART • CHRISTIAN REICHEL • TIM REITER • ANJA RICHTER • ED
MARIO RUHMANSEDER • MARCEL SANTNER • EVA SCHAEHS • GERLINDE SCHAGER • NORMAN
EFAN SCHNITTKA • SILVIA SCHOBER • ALEXANDER SCHOENHERR • DETLEV SCHUERR • MARKUS
ALD SCHWAIGER • JÖRG SCHWAIGER • MANUEL SCHWAIGER • VERENA SEEBACHER • KURT
ÜLLER • KATHARINA STALLA • THOMAS STEIGER • SEBASTIAN STEINBICHLER • CLARA MILENA
ONE STOCKHAMMER • EVA STOCKNER • MARCUS STOIMAIER • HERBERT STRUBER • ANDREA
TTE BARBARA TITZ • ELISA TORNER • JAKOB TRABY • CHRISTIAN TRAGNER • ALEXANDER
• DORIS VETTERMANN • ERICH VOGL • PHILIPP WAGNER • GEORG WAILAND • ANDREAS
CHHART • PETER WEIHS • STEFAN WEINBERGER • CHRISTOPH WEISGRAM • THOMAS
R • CLEMENS ZAVARSKY • MARIJO ZEKO • PHILIPP ZIMMERMANN • DENISE ZÖHRER

SCHLAGZEILEN 2021

2021

Ein Jahresblick voraus

Nach der Ebbe kommt die Flut, nach der Krise kommt der Aufschwung, das ist ein Naturgesetz. Wo sind wir gerade und welche Lehren werden wir aus dem vergangenen Jahr ziehen? Was ist das Neue, das jetzt entstehen kann? In den „Krone"-Schlagzeilen kann man es lesen.

Ist die Pandemie einmal überwunden, werden wir uns an die Aufräumarbeiten nach dieser „schwersten Krise seit dem 2. Weltkrieg" machen. Ein Jahresrückblick wird so schnell zum Blick voraus.

An den Börsen haben wir einen Höhenflug nach dem anderen erlebt. Am Immobilienmarkt scheint es überhaupt nur nach oben zu gehen. Eine Entwicklung, die ganz sicher nicht gesund ist, denn Wohnen ist ein Grundrecht und sollte nicht zum Spekulationsobjekt verkommen. Wenn Wohnungspreise dem Lohnniveau davonziehen, ist die Politik gefordert, regulierend einzugreifen.

Leistbares Wohnen wurde zu einem bestimmenden Thema. In Graz hat das die KPÖ zur stimmenstärksten Partei gemacht. Die erstaunliche Kommunistin Elke Kahr hatte das Ohr näher bei ihren Wählern.

Die Nationalbanken hatten die Geld-Schleusen geöffnet, die Märkte wurden mit billigen Krediten geflutet. Eine künstliche Hochkonjunktur ist die Folge, ein bis zwei Jahre wird das wohl noch anhalten. Was kommt dann? Schlägt die Inflation zu, dann werden jene belohnt, die Kredite aufgenommen haben. Und jene bestraft, die gespart haben. Das kann nicht sein. Mit gewaltigen COVID-Förderungen ist die Wirtschaft zweifellos

gestützt worden. Aber es gab Gewinner und Verlierer. Dabei ist die Gruppe der Verlierer größer. Wer schaut auf sie und baut soziale Spannungen ab?

Covid hat uns Schwächen aufgezeigt, wir sollten uns auf unsere Stärken besinnen. Unser Land produziert Lebensmittel in bester Qualität, deren Kauf nicht nur unsere Gesundheit fördert, sondern auch Energie spart und Arbeitsplätze im Land hält. Wieviel Tierleid durch bewussteren Konsum heimischen Fleisches verhindert werden kann, wird Maggie Entenfellner, die als Leiterin unserer Tierecke in der „Krone" für das Tierwohl zuständig ist, nicht müde werden aufzuzeigen.

Der große Forschungsgeist unseres Landes spiegelt sich auf den „Krone"-Wissenschaftsseiten wider. Die Med-Uni Wien steht noch immer in der Tradition der „Wiener Schule der Medizin". Im AKH werden Dutzende Patente im Zusammenhang mit Zellabwehr für Impfstoffe und die Behandlung von Allergien entwickelt, mit Methoden, wie sie zuletzt zu den COVID-Impfstoffen geführt haben.

Unsere Betriebe sind innovativ und leistungsfähig, Wettbewerbsfähigkeit gilt es zu erhalten. Damit Produktion und Entwicklung im Land bleiben, brauchen wir mehr Investitionsanreiz und eine Senkung der Nebenkosten. Der Faktor Arbeit gehört entlastet, Nettoeinkommen müssen steigen.

Unter dem Titel „Wege aus der Krise" zeigt die „Krone" mit den besten Experten und im Dialog mit unseren Leserinnen und Lesern all diese Themen auf. So erzeugen wir ein positives Momentum für die Zeit nach Covid. All das soll im nächsten Jahr für Aufmerksamkeit und für Schlagzeilen sorgen. Einschränkungen und Belastungen, wie sie zuletzt unser Leben bestimmt haben, gehören dann hoffentlich der Vergangenheit an.

Und wie kommt die Politik aus ihrer schwersten Krise? Blickt man auf das Jahr zurück, so könnte man den Eindruck gewinnen, auch die Regierung war von einem Virus befallen. „Was ist denn jetzt wieder passiert?" soll sogar der Bundespräsident geseufzt haben.

Auslöser der Staatskrise waren manipulierte Umfragen in einer Zeitung, die sich ausgerechnet den Namen unseres Landes angeeignet hat. Auch Steuergeld soll dabei eine Rolle gespielt haben. Es folgte eine Regierungsumbildung, Sebastian Kurz wurde zum zweiten Mal in seiner Karriere Altkanzler. Er hatte sich mit den falschen Personen eingelassen.

Ihr Herausgeber
Dr. Christoph Dichand

TOP-THEMEN IM JÄNNER

- Sturm auf Kapitol schockt USA vor Präsidenten-Angelobung
- Erdbeben in Kroatien macht Zehntausende obdachlos
- Rapid-Fan bei Raubüberfall in Mexiko entführt und ermordet
- Pannenserie bei Terrorabwehr vor Attentat im Herzen Wiens
- Arbeitsministerin stürzt über Plagiatsarbeit auf Universität

Ein Bild als Zeichen der Hoffnung geht um die Welt! Christoph Wenisch, Leiter der Infektionsabteilung der Wiener Klinik Favoriten, jubelt über seine erste Spritze gegen Corona. Der Start der großen Impfkampagne verläuft in Österreich freilich schleppend.

Bild des Monats

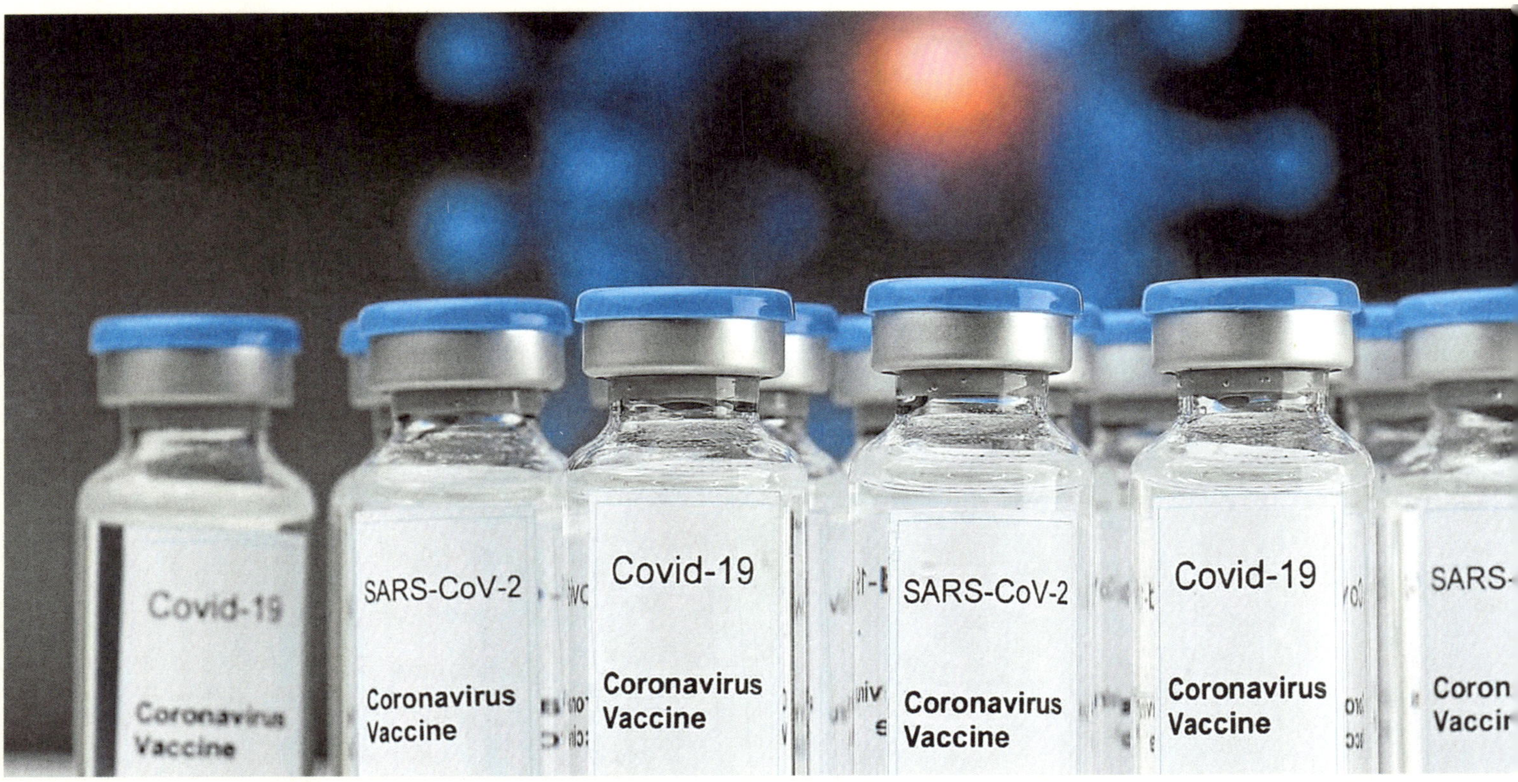

Ärger über Bürgermeister als Vordrängler • EU bestellte zu spät • Zu wenig

Impfkampagne: Schleppender

Tausende Kerzen für die Corona-Toten vor dem Stephansdom

Es ist die größte Hoffnung im Kampf gegen einen unsichtbaren Feind, der die Welt noch immer in Atem hält. Kurz vor dem Jahreswechsel beginnt auch in Österreich die Impfkampagne zum Schutz vor dem Virus. Doch der Start verläuft schleppend. Zudem gibt es Ärger über Bürgermeister als Vordrängler und zu wenig Vakzine.

Mittlerweile zählt das Land mehr als 400.000 Infizierte und 8000 Tote. Während es das Bild eines über die erste Spritze jubelnden Wiener Arztes sogar in die renommierte New York Times schafft, lässt es sich auch die Spitzenpolitik nicht nehmen, beim Impfstart dabei zu sein.

Aufgrund der einheitli-

Impfstart mit Gesundheitsminister Anschober & Kanzler Kurz

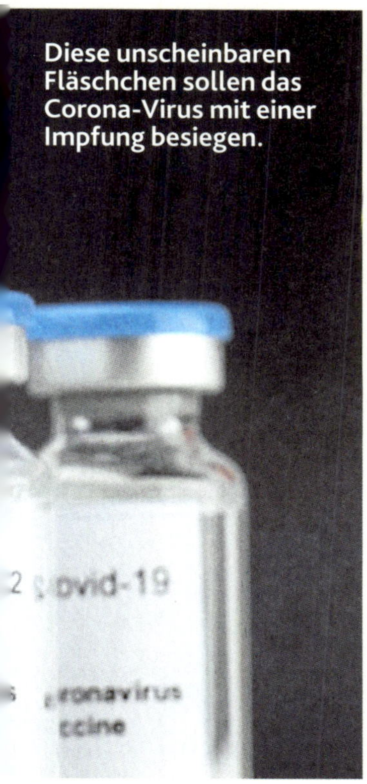

Diese unscheinbaren Fläschchen sollen das Corona-Virus mit einer Impfung besiegen.

Vakzine im Land

Start

chen, aber zu späten Bestellung über die lähmend langsame Brüsseler Bürokratie verläuft in Österreich – wie in allen EU-Ländern – die große Schutzkampagne äußerst zäh an. Am Beginn werden einfach viel zu wenig Vakzine geliefert.

Zum Ärger über die Lieferengpässe bei uns kommt noch die Wut auf Vordrängler hinzu. Einige Bürgermeister oder andere Funktionäre lassen sich in Heimen gleich mitimpfen obwohl sie vom Alter her eigentlich noch gar nicht dran wären.

Denn eigentlich sollten laut Plan des Gesundheitsministeriums alle Bewohner der heimischen Senioren- und Pflegeheime bzw. das Gesundheitspersonal im ersten Quartal eine Grundimmunisierung bekommen.

Chronologie zeigt Multiorganversagen der Staatsschützer:

Pannenserie bei Terrorabwehr vor Attentat im Herzen Wiens

Die Wiener Terrornacht mit vier Toten sorgt für heftige Kritik am Staatsschutz. Eine Expertenkommission listet Pannen vor dem Attentat auf.

Eine genaue Zeitschiene belegt das Multiorganversagen der Sicherheitsbehörden in der Terrorabwehr. Denn das Bundesamt für Verfassungsschutz und Terrorismusbekämpfung (BVT) leitete erst 13 Tage vor dem Anschlag Ermittlungen gegen den Wiener Dschihadisten wegen eines – letztlich gescheiterten – Munitionskaufs im Sommer davor in der Slowakei ein.

Der Innenminister erhielt darüber keine Infos, die Staatsanwaltschaft erst fünf Stunden nach der Terrornacht. Als Konsequenz werden hochrangige Beamte suspendiert, der Staatsschutz soll umgekrempelt werden.

Terror-Treueschwur für den IS - Rose in einem Einschussloch

Das hat es noch nie gegeben: Meister-Dirigent Ricardo Muti und die Wiener Philharmoniker spielen das weltberühmte Neujahrskonzert im Goldenen Saal des Musikvereins vor leeren Rängen. „Es war ein schwieriges Jahr, eigentlich ein schreckliches Jahr. Aber wir sind immer noch hier und glauben an die Botschaft der Musik", macht der Maestro in seiner Ansprache Mut.

Waffenlager „wie für einen Krieg"

Bande von Neonazis

Großschlag des Wiener Landeskriminalamtes gegen den rechten Terror. Maschinengewehre und andere Waffen „wie für einen Krieg" werden bei einer militanten Bande mit Verbindungen zu deutschen Motorradrockern sichergestellt. Der Hauptverdächtige ist einer der bekanntesten Neonazis in Österreich. Auch ein Polizist verkauft der Gruppe Munition.

Psychisch Kranke droht mit Messer

Einsatz: Todesschuss

Tragisch endet ein Einsatz der Spezialeinheit WEGA in Wien: Als die Beamten von einer psychisch kranken Frau (67), die zuvor auch ihre Pflegerin mit einem Messer bedroht hatte, attackiert werden, fällt ein tödlicher Schuss aus einer Dienstwaffe. Die Staatsanwaltschaft ermittelt – wie immer in solchen Fällen –, ob der Waffengebrauch auch gerechtfertigt war.

Zehntausende obdachlos · Burgenländische Pflegerinnen: „So überlebten wir"

Erdbeben schockt Kroatien

Zum zweiten Mal binnen neun Monaten erschüttert ein heftiges Erdbeben kurz vor Neujahr Kroatien. Die Schäden in einem der Lieblings-Urlaubsländer der Österreicher sind enorm: Hunderte Gebäude sind zerstört oder einsturzgefährdet, zehntausende Menschen obdachlos. Zudem gibt es mindestens sieben Tote zu beklagen.

Mit einer Magnitude von 6,4 ist das Erdbeben geschichtlich eines der schwersten je in Kroatien registrierten. Hauptbetroffen nahe des Epizentrums: die kroatischen Städte Petrinja, Sisak und Glina. Die Schockwellen sind aber auch in der Hauptstadt Zagreb bis nach Österreich hinein – von Klagenfurt bis Wien – zu spüren. Die Wohn- und Wirtschaftsgebäude von rund 50.000 Menschen am Balkan stürzen ein oder werden teils schwer beschädigt.

Zwei Pflegerinnen aus dem Burgenland berichten den „Krone"-Reportern Katharina Pirker und Christian Schulter, wie sie die Katastrophe in der besonders schwer getroffenen 48.000-Einwohner-Stadt Sisak überlebten. „Nachbarn sind auf die Straße gelaufen und haben um Hilfe gerufen. Diese Szene geht mir nicht mehr aus dem Kopf", beschreibt Tatjana Dovranić (45) eindrucksvoll. Und ihre 59-jährige Kollegin Ilonka Sabijak bangt jetzt um ihre Familie daheim: „Es ist eine Katastrophe. Ich habe Angst, dass ein weiteres Beben unser Zuhause zerstört."

Ein Jahrhundert Staberl – die legendäre Stimme des Volkes! „Krone"-Interviewerin Conny Bischofberger spricht mit dem ehemaligen Kult-Kolumnisten Richard Nimmerrichter in seiner Wiener Dachgeschoß-Wohnung anlässlich seines 100ers über eine sagenhafte Karriere, sein Leben ohne Computer und Handy und ein einsames Jubiläum. „Es ist mir alles besser gelungen, als ich mir in meinen kühnsten Träumen hätte vorstellen können. Mehr kann man vom Leben nicht verlangen", blickt das Geburtstagskind zurück. Er, der gerne allein mit seinem Festnetzanschluss ist, „vermisst eigentlich heute nichts, was vorbei ist".

Florian Kafka wird von Schwerverbrechern in Mexiko ermordet

Tragisches Ende des Vermissten-Krimis

Rapid-Fan bei Reise von Straßenräubern

Reise in den Tod! Der Wiener Rapid-Fan Florian Kafka wird im Mexiko-Urlaub ermordet. Autoräuber verschleppen und erschießen den 37-jährigen Arzt-Sohn. Der geständige Chef der Bande wird gefasst und in einem Schnellverfahren zu 45 Jahren Haft verurteilt.

Nach wochenlangem Zittern und Bangen im Vermissten-Krimi um Florian Kafka ist es traurige Gewissheit: Seine verbrannte Leiche wird nahe der kleinen Gemeinde Pitiquito entdeckt. Mit Resten eines Fanshirts des Wiener Traditions-Fußballklubs Rapid. Ein DNA-Abgleich bringt die endgültige Bestätigung.

Luftaufnahme einer Spur der Verwüstung in der 48.000-Einwohner-Stadt Sisak: Gebäude stürzen ein wie Kartenhäuser

Nach 48 Jahren:

Briten treten aus EU aus

Auf den Tag genau 48 Jahre nach dem damaligen Beitritt zur Union ist die Mitgliedschaft von Großbritannien in der EU seit 1. Jänner Geschichte. Premier Boris Johnson bejubelt – im Gegensatz zu vielen Bürgern – den Brexit: „Das ist ein großartiger Moment für unser Land."

um einen Wiener:

in Mexiko ermordet

Nachdem die Ermittler bei Autoräubern Laptop und Bankkarte des Arzt-Sohnes finden, legt der Bandenchef ein erschütterndes Geständnis ab. „Demnach hätte der Täter das Opfer in einer Parklücke zum Anhalten gezwungen, es geschlagen und in der Folge erschossen", so „Krone"-Redakteur Klaus Loibnegger. 45 Jahre Haft!

Neues Liebes-Ass für Österreichs Tennis-Star Dominic Thiem. Mit diesem Pärchen-Foto Arm in Arm vor einem offenen Feuer, darunter ein Herz-Emoij, macht der 27-Jährige seine privates Doppel mit einer Promi-Dame via Instagram öffentlich. Die neue Frau an seiner Seite ist „Let's Dance"-Star Lili Paul-Roncalli, bildhübsche Tochter von Zirkusdirektor Bernhard Paul. Die 22-jährige Artistin und Modell ist das Rampenlicht gewohnt. „Es ist alles noch ganz frisch. Schauen wir, was in Zukunft passiert", so Dominic Thiems erste Reaktion.

Der Demokrat wird vor dem Kapitol angelobt · Er verspricht: „Werde Präsident

Amtseinführung von Joe Biden

US-Botschafter Martin Weiss & seine Ehefrau erleben die Zeremonie hautnah.

Mit einer vielversprechenden Ansage für eine neue Ära nimmt Joe Biden das Amt als Präsident der USA an: „Die Demokratie hat gesiegt. Ich werde Präsident aller Amerikaner sein!“ Im Gegensatz zum Populismus seines Vorgängers Donald Trump – den Biden kein einziges Mal erwähnt – versucht er es mit Emotionen.

Um 17.48 Uhr mitteleuropäischer Zeit ist es am 20. Jänner so weit. „Joe Biden schließt das Treuegelöbnis auf eine Bibel, die seit 127 Jahren im Besitz seiner Familie ist, und ist der 46. Präsident der Vereinigten Staaten von Amerika“, wie „Krone“-Reporter Gregor Brandl direkt von der Inaugration in Washington sowie von der Aufbruchstimmung vieler Amerikaner berichtet.

Es ist ein historischer Tag. Denn mit Kamala Harris wird erstmals eine Frau Vizepräsidentin. Und mit Biden zieht nach dem 1963 verstorbenen John F. Kennedy erst der zweite Katholik ins Weiße Haus ein.

Reporter Brandl berichtet von der Inauguration, bei der Jennifer Lopes „America the Beautiful“ singt.

Angriff wie im Krieg · 5 Todesopfer · Land unter Schock

Trump-Fans stürmen Kapitol

Nach einem Auftritt des noch amtierenden US-Präsident Donald Trump eskaliert die Lage am 6. Jänner in Washington. Teilweise bewaffnete Trump-Anhänger stürmen daraufhin das amerikanische Parlament – das hatte es bislang noch nie gegeben. Es war wie im Krieg!

Der Sturm von 800 Trump-Fans auf den Kongress geht als gewaltsamer Angriff auf das Kapitol in die Geschichte ein. Der Attacke war eine Protestveranstaltung Zehntausender voraus gegangen, auf der Trump von Wahlmanipulation gesprochen hatte. Ziel der wütenden Demonstranten: Sie wollen den Senat und das Repräsentantenhaus an der Bestätigung des Sieges von Joe Biden bei der Präsidentschaftswahl 2020 hindern. Im Zuge wilder Proteste und Ausschreitungen kommen fünf Menschen – ein Polizist und vier Trump-Fans – ums Leben. Der revoltierende Mob bestand zum Großteil aus militanten Vertretern der „Alternativen Rechten“ und der „Patriotischen Bewegung“.

Trump wird im zweiten Amtsenthebungsverfahren wegen „Anstiftung zum Aufruhr“ für schuldig gesprochen, doch ohne Zweidrittelmehrheit endet der Prozess mit einem Freispruch.

für alle sein!“ ➤ „Blick in die Zukunft, nicht Vergangenheit ➤ Trump nicht erwähnt

gibt den USA neue Hoffnung!

Seine „Inauguration-Speech“, die erste Rede als Präsident klingt ein wenig wie eine Predigt. Mittendrin schiebt Biden eine Schweigeminute für die vielen Opfer der Corona-Pandemie ein. Der Demokrat erwähnt einige bedrohliche Probleme unserer Zeit, die vor allem die USA schwer getroffen haben: Klimawandel, Pandemie und Rassismus.

Auch wenn der Mob noch vor wenigen Tagen jene Stufen des Kapitols stürmte, auf denen Biden nun vereidigt wurde, sieht er mit Zuversicht in die Zukunft: „Dies ist ein Tag der Demokratie, dies ist ein Tag der Hoffnung.“ Denn im Gegensatz zum Populismus seines Vorgängers Donald Trump versucht es Biden mit Gefühlen: „Um die Seele Amerikas wiederherzustellen, braucht es mehr als Worte. Wir müssen eine Einheit sein, die an einem Strang zieht. Meine ganze Seele fließt in dieses Versprechen!“ Schließlich sei für ganz Amerika eines unumstößlich: „Ohne Einheit gibt es keinen Frieden.“

Der 46. US-Präsident Joe Biden schwört den Eid auf die Bibel, die seine Frau Jill in Händen hält

◁ Hunderte stürmen das Kapitol, um Sitzungen zu unterbrechen. Unter ihnen der radikale Jake Angeli (ob.). Die Polizei ruft sogar die Nationalgarde zu Hilfe. Trump bleibt der Abflug mit dem Helikopter. ▷

Abschied vom Universalgenie

„Mir san geburn für die Gruabn, des is ka Grund zum Rearn", sang Arik Brauer 1988. Ende Jänner 2021 stirbt er als einer der prominentesten Künstler Österreichs 92-jährig in Wien. Eigentlich war er ein Universalkünstler: Maler, Sänger, Tänzer, Autor, Songwriter, Architekt und Bühnenbildner. Charme und Witz zeichneten den Vertreter der Wiener Schule des Phantastischen Realismus aus. Mit seinen Liedern wie „Köpferl im Sand" half er, Österreichs Popszene im Dialekt zum Austro-Pop aufzumischen.

Neuer Minister Kocher bei der Angelobung durch Van der Bellen. – Aschbacher trat zurück.

Aschbachers Magister- und Doktorarbeit unter Beschuss

Nach Plagiatsvorwürfen tritt die Arbeitsministerin zurück

Nach Plagiatsvorwürfen tritt Arbeits- und Familienministerin Christine Aschbacher wegen der heftigen Anschuldigungen zurück. Sie spricht von einer Hetzjagd und beteuert einmal mehr, dass sie ihre Diplom- als auch Doktorarbeit auf redliche Art verfasst habe.

„Verdacht und Umstände wogen zu schwer", so Innenpolitik-Redakteur Erich Vogl. Christine Aschbacher tritt zurück, weil sie bei ihren Arbeiten wissenschaftliche Standards nicht eingehalten haben soll. Plagiatsjäger Stefan Weber zerlegt ihre Dissertation.

„Das kann ich zum Schutz meiner Familie nicht weiter zulassen", begründet sie ihren Rücktritt. Mit IHS-Chef Martin Kocher zieht ein Ökonom in das Arbeitsministerium ein.

Im September allerdings stellt die FH Wr. Neustadt das Verfahren ein: Somit kann Aschbacher ihren Magistertitel behalten. Auch der in der Slowakei erworbenen PhD-Titel dürfte ihr nicht aberkannt werden.

Eine Rückkehr in die Politik folgt aber nicht.

Frecher Nachwuchs im Kaiserreich! „Totgesagte leben länger", so leitet „Krone"-TV-Experte Stefan Weinberger seine Reportage über „Neuigkeiten aus der Hofkanzlei" ein. Schließlich hatte es bereits geheißen, dass der „Kaiser" aus Kostengründen eingestellt werde. Dank neuer Produktionsideen und Prinzessin Leopoldine Lilian alias Jane Gartner erhofft man sich mehr Pfiff.

Als Herausgeber und Chefredatkeur zeichnete Dichand sein grenzenloser, globaler Weitblick aus.

Heiß, heißer HEIDI! Mit dem Start der 16. Staffel der „Next Topmodel"-Suche wird es auch wieder auf so manchem Bildschirm heiß hergehen. Auch wenn der Österreich-Ableger bei PULS 4 wegen schlechter Quoten abgedreht wurde, erfreut sich die Show um die sexy Mädels in der jungen Zielgruppe nach wie vor großer Beliebtheit. Und PRO 7 heizt den Sendebeginn mit einer scharfen Plakat-Kampagne (siehe Foto) an und verspricht, dass es heißer wird als heiß: Modelmama Heidi Klum (47) wirbt als Hingucker.

Der Ex-Spionagechef beim polizeilichen Geheimdienst BVT legt zwei Jahre nach der Razzia vor der SOKO Fama eine Lebensbeichte ab: Für den schwunghaften Handel mit Staatsgeheimnissen sei ordentlich Geld geflossen.

Finale Landung nach 50 Jahren! Vor etlichen Schaulustigen bezieht eine der letzten zwölf Saab 105 OE des Bundesheeres ihre vorläufige Ruhestätte: und zwar im Hangar 7 von Red Bull. Nachfolger für die ausgemusterten Maschinen gibt es bislang keinen.

Nur 248.740 Autos kauften die Österreicher im Vorjahr. Das war der niedrigste Wert seit 33 Jahren. Und auch für 2021 ist Klaus Edelsbrunner, Obmann der Händler, wenig optimistisch. Coronabedingt erwartet er 25% minus.

Von einem Dämonen besessen fühlt sich die Amerikanerin Oreanna Myers. Deshalb tötet sie in Charleston (West Virginia) ihre fünf Kinder, steckt das Haus in Brand und begeht anschließend Selbstmord.

Kitz-Geschichte schreibt der Schweizer Skistar Beat Feuz. Nach 25 Jahren ist er der erste Läufer, der über einen Doppel-Triumph im Downhill-Klassiker auf der Streif binnen weniger Stunden jubeln kann.

Schwer betrunken sind laut dem „Global Drug Survey" am häufigsten die Schotten. Mit 33,8 „Vollräuschen" im Jahr liegen sie knapp vor den Engländern (33,7). Österreich landete mit „nur" 20,5 Räuschen im guten Mittelfeld.

Sex mit zwei Schülern hatte eine verheiratete Lehrerin (30) vor der ersten Unterrichtsstunde im Auto auf dem Schulparkplatz in Cleveland (USA). Die geständige Pädagogin wird zu zwei Jahren Haft verurteilt.

Die Unabhängigkeit ist sein großes Vermächtnis

100 Jahre Hans Dichand: Die Macht der Worte

Nur ein Journalist zu sein, das genüge ihm, betonte Hans Dichand stets zu Lebzeiten. Am 29. Jänner wäre er 100 Jahre alt geworden. „Anlass für uns, dem legendären Zeitungsmacher eine ganze Ausgabe der ‚Krone Bunt' zu widmen", so sein Sohn und Nachfolger Christoph Dichand.

Denn vieles was sein Vater gesagt oder geschrieben hat, ist heute aktueller denn je. „Es ist die Passion, dabei zu sein, eine Meinung zu haben und die so auszudrücken, dass sie gelesen wird!"

Das hat Hans Dichand angetrieben, aber niemals Macht, die man ihm gerne unterstellte. „Wem die Macht zu nahe kommt, der lässt sich leicht von ihr korrumpieren", warnte er stets.

„Die Unabhängigkeit ist sein Vermächtnis, und wir werden sie bewahren. Koste es, was es wolle", so der klare Kurs seines Sohnes.

TOP-THEMEN IM FEBRUAR

- Rover mit Österreich-Technik landet auf dem Roten Planeten
- Staatsanwalt stellt das Handy von Finanzminister Blümel sicher
- Erste Lockerungsübungen im Handel: Masken & Eintrittstests
- Handy-Gigant Apple bringt eigenes Emoji für Conchita Wurst
- Staatsschützer forschen lange gesuchten „Terror-Rapper“ aus
- Vergifteter Putin-Kritiker zu Haft in Straflager verurteilt

Bild des Monats

Österreich hat wieder zwei Ski-Superstars: Katharina Liensberger und Vincent Kriechmayr räumen mit vier Goldmedaillen bei der WM ab.

Rotweißrote Athleten räumen bei Weltmeisterschaften groß ab › 10 Goldene

Jubel um Wintersport-Stars

Was für eine Erfolgsbilanz bei den alpinen und nordischen Weltmeisterschaften aus österreichischer Sicht: Mit zehn Goldmedaillen bei den Damen und Herren räumen unsere Wintersport-Stars in groß ab! Skifahrerin Katharina Liensberger und ein erst 19-Jähriger sind zwei der neuen sympathischen Siegergesichter . . .

Nach dem Abgang von Superstar Marcel Hirscher zeigen das heimische Team bei der WM im italienischen Cortina d'Ampezzo gehörig auf. Die 23-jährige Vorarlbergerin Katharina Liensberger triumphiert nicht nur zeitgleich mit der Italienerin Marta Bassino im Parallelrennen, sondern gewinnt zudem den Slalom. In dieser Disziplin holt sie sich sogar die kleine Kristallkugel.

Doppel-Weltmeister ist auch der 29-jährige Speed-Star Vincent Kriechmayr in Abfahrt und Super-G. Ganz oben am Stockerl in der Kombination und später im Slalom-Disziplinenweltcup steht ebenso der Kärntner Marco Schwarz (25).

Die Frauenpower komplettiert Lisa Hauser, die beim Massenstart der Biathlon-WM in Slowenien treffsicher und schnell ist. Ein frisches Siegergesicht ist der erst 19-jährige Johannes Lamparter mit zwei Goldenen bei den Nordischen Titelkämpfen in Deutschland.

Dort jubelt auch unser „Adler“ Stefan Kraft, der auf der Großschanze allen – wie unsere Frauen im Teamspringen – davonfliegt.

Handy-Selfie mit den siegreichen Kombinierern Lamparter und Greiderer nach dem Teamsprint.

„Adler“ Stefan Kraft schreit seine Freude über Gold im Einzel und Silber mit der Mannschaft heraus.

Zwei Weltmeisterschafts-Medaillen in Cortina d'Ampezzo für das 25-jährige Ski-Ass Marco Schwarz.

Zugsführer Lisa Hauser (27) zeigt sich am Schießstand ebenso treffsicher wie in der Langlauf-Loipe schnell.

Das schwierige Landemanöver mit Düsen auf dem unwirklichen Roten Planeten kann per Live-Stream verfolgt werden.

Rover mit Austro-Technik am Mars:

Österreich landet auf Rotem Planet

NASA-Rover „Perseverance" hat viel bei uns entwickelte Technik für die 3-D-Rekonstruktion des Mars an Bord.

Willkommen auf dem Mars! Die spektakuläre NASA-Mission im Weltall ist geglückt: Der Rover „Perseverance" landet mit viel Austro-Technik an Bord auf dem Roten Planeten. Dort sammelt er fleißig Gesteins- und andere Proben für die internationale Forschung.

Gespannt verfolgen Hunderttausende Menschen weltweit die erfolgreiche Landung per Live-Stream. Die durch ihre Düsen in der Schwebe gehaltene Abstiegseinheit lässt den Marsrover an mehreren Seilen vorsichtig bis auf die Oberfläche im sogenannten Jezero-Krater herab.

„Krone"-Auslandsredakteur Ed Ricker zur zukünftigen Mission: „Nachdem die Systeme, Kameras und Instrumente geprüft sind, startet ‚Perseverance' zur großen Reise." Binnen zwei Jahren soll das Roboterfahrzeug mit viel heimischer Technik an Bord 25 Kilometer zurücklegen und Bodenproben entnehmen. Dabei wird auch nach möglichen Spuren biologischen Lebens gesucht . . .

Das amerikanische Roboterfahrzeug sammelt Bodenproben zur Untersuchung ein

Korruptionsermittlungen in Casino-Affäre • Heikles SMS

Novomatic-Spendenangebot: Razzia beim Finanzminister

Die Wirtschafts- und Korruptionsstaatsanwaltschaft nimmt in der Casino-Affäre den Finanzminister ins Visier! Wegen eines Spendenangebots 2017 an die ÖVP per SMS vom Ex-Novomatic-Chef werden bei einer gerichtlich angeordneten Hausdurchsuchung Handy und privater Laptop von Gernot Blümel beschlagnahmt.

Das „unmoralische Angebot“ (gekoppelt mit der Hilfe bei einer Steuersache in Italien) von Glücksspielkonzern-Geschäftsführer Harald Neumann an den damaligen Wiener VP-Spitzenpolitiker Gernot Blümel ruft die Korruptionsjäger auf den Plan. Es besteht der Verdacht der Bestechung bzw. der Bestechlichkeit.

Nachdem der nunmehrige Finanzminister schon Tage vorher als Beschuldigter durch die sozialen Medien geistert, wird der Spitzenpolitiker nach Rücksprache von zwei Staatsanwälten in seine Wiener Privatwohnung begleitet. Dort übergibt Blümel sein Handy und – nach kurzer Verzögerung, weil seine Ehefrau damit spazieren ist – den privaten Laptop („den benutze ich mit meiner Ehefrau für Netflix“) an die Ermittler.

In einer eidesstattlichen Erklärung betont der türkise Frontmann, dass nie Spenden an die Partei oder Vereine gegangen sind. Die ÖVP übt indes heftige Kritik an dem Vorgehen der Justiz, Kanzler Sebastian Kurz schreibt einen Brief.

Neue Handysymbole mit Conchita

Der amerikanische Mobiltelefon-Gigant Apple bringt mit seiner freigegebenen Betaversion 2 von iOS 14.5 für alle seine Geräte 200 neue Emojis. Unter den zahlreichen Symbolen findet sich auch Conchita Wurst. Selbst der britische „Guardian“ sieht in den Gesichtern eine Hommage an Österreichs Songcontest-Star von 2014. Die anderen neuen Handy-Symbole – bereits vorhandene werden verändert – umfassen ein flammendes Herz ebenso wie ein ausatmendes Gesicht und ein Gesicht in Wolken. Das Spritzen-Emoji wird im Hinblick auf die Covid-19-Impfungen angepasst: tropfendes Blut ist keines mehr zu sehen, stattdessen eine klare Flüssigkeit.

Lady Gaga hat ihre Hunde zurück. Die bei einem bewaffneten Raubüberfall entführten Vierbeiner „Koji“ und „Gustav“ des US-Superstars sind wieder wohlauf aufgetaucht. Eine Frau gibt die beiden Bulldoggen bei der Polizei ab, die Fahndung nach den Täter läuft. Bilder eines Überwachungsvideos zeigen, wie Lady Gagas Hundesitter von den Kidnappern angeschossen wird.

Die Wirtschafts- und Korruptionsstaatsanwaltschaft hat mit Gernot Blümel einen engen Vertrauten von Kanzler Sebastian Kurz im Visier. Die ÖVP liegt schon seit Monaten mit den Korruptionsjägern ob deren Vorgehen im Clinch.

Mythos Romy Schneider · Neuer Film

„Sissi" kehrt als Netflix-Serie zurück

Romy Schneider war in den 1950er-Jahren der (tragische) Superstar des Historien-Dramas „Sissi" – jetzt kehrt der Mythos um die rastlose Habsburg-Kaiserin Elisabeth als Netflix-Serie zurück. Schauspielerin Devrim Lingnau schlüpft in die Rolle der alternden Monarchin.

„Nach 65 Jahren wagt sich der US-Streamingriese mit der Neuverfilmung des Stoffes an den Romy-Mythos", analysiert „Krone"-TV-Redakteur Stefan Weinberger. In der sechsteiligen Liebesgeschichte „The Empress" übernimmt eine Französin.

Worum geht's? Der Film setzt an im Jahr 1877. Die Kaiserin von Österreich wird 40 Jahre alt, die durchschnittliche Lebenserwartung einer Frau im späten 19. Jahrhundert. Sie weiß, dass ihre Zeit abläuft und dass sie bald kein Schönheitssymbol mehr sein kann. „Sissi" ist eingesperrt in den höfischen Ritualen zwischen Pflicht und Erwartungen der Krone.

Mythos Romy Schneider: Die Französin (kl. Bild) schlüpft 65 Jahre nach dem Welterfolg in die Rolle von Kaiserin „Sissi".

Koalitionsstreit um Asyl-Thema

Nach der Abschiebung einer georgischen Mutter mit ihren Kindern gehen bei den Grünen die Wogen hoch. Es kommt zu einem Koalitionsstreit. Ein FPÖ-Misstrauensantrag gegen den Innenminister wird zwar abgelehnt, bei Reden der ÖVP-Mandatare gibt es aber keinen Applaus von den grünen Bänken im Parlament.

Kärntner inspirierte deutschen Attentäter

„Terror-Rapper" von Staatsschutz gefasst

Er gilt als der gefährlichste Musik-Star des rechten Terrors bis in die USA, hetzte mit seinen Hasstexten auch den Attentäter von Halle (D) auf – jetzt wird der geheimnisvolle Rapper „Mr. Bond" enttarnt. In einer beschaulichen Kärntner Gemeinde klicken Handschellen.

Jahrelang steht der rechte Musiker ganz oben auf der Fahndungsliste von Europas Geheimdiensten. Bekannte Welt-Hits vertont der glühende Rassist mit Nazi-Texten, rappt in holprigem Englisch von der „Herrenrasse".

Inspiriert hat „Mr. Bond" auch den Halle-Attentäter, der im Oktober 2019 beim Livestream seiner mörderischen Taten mit Helmkamera dessen Soundtrack spielt. Jetzt hat es sich ausgerappt – der BVT verhaftet den 36-jährigen Verdächtigen bei Villach in Kärnten.

Dem Nazi-Liedermacher drohen mehrere Jahre Haft und Millionenstrafen wegen Urheberrechtsverletzungen. Innenminister Nehammer: „Der Kampf gegen Rechtsextremismus ist Teil unserer historischen Verantwortung."

Der Verdächtige verbirgt im Netz sein Gesicht, nicht aber seine rechtsextreme Gesinnung (re.). „Mr. Bonds" Liedtexte sind hasserfüllt.

Peter Alexander stürmt erneut die Hitparade

Platz 1, wie in den besten Zeiten! Auch zehn Jahre nach seinem Tod ist Peter Alexander unvergessen. In den Album-Charts lässt er sogar Stars wie Lady Gaga hinter sich und erobert mit der neu erschienenen CD „Peter" die Spitze. Wie „Krone"-Adabei-Chef Norman Schenz berichtet, kommt der Erlös der Melodie-Privatstiftung für bedürftige Kinder zugute. Peter Alexander also auch posthum ein Großer.

Test bei Friseuren

Handel

Nach Monaten im Distanz-Unterricht und geschlossenen Geschäften öffnen österreichweit Schulen, Handel, Friseure & Co. nach dem harten Lockdown wieder. Mit Tests, Tests, Tests. Zudem prägen sicherere FFP2-Masken die neue Corona-Normalität.

Seit Anfang November ist das Land wegen steigender Infektionszahlen der zweiten Vi-

Diva Annas große Oper in Hofreitschule

Die große Anna Netrebko tritt wieder live in der Bundeshauptstadt auf. Im Rahmen einer Internet-Konzert-Serie für die New Yorker Metropolitan Opera singt die weltbekannte Opern-Diva und Wahl-Wienerin live in der Spanischen Hofreitschule. Bei einem Besuch der Star-Sopranistin vor ihrem Auftritt bei den ebenso berühmten weißen Pferde ist es – wie dieses Foto zeigt – Liebe auf den ersten Blick. Hofreitschulen-Geschäftsführerin Sonja Klima landet nach der ORF-Übertragung der Lipizzaner-Gala den nächsten Coup.

und in Klassen ⊳ Auch sicherere FFP2-Masken prägen die neue Corona-Normalität:

und Schulen öffnen wieder!

rus-Welle heruntergefahren. Als erste dürfen Anfang Februar der Einzelhandel bzw. die Schulen wieder öffnen. Gastro und Hotellerie müssen freilich weiter warten.

Die neuen „Wunderwaffen" im Kampf gegen die Pandemie sind neben FFP2-Masken jetzt auch Eintrittstests bei Friseuren, Kosmetikstudios und anderen körpernahen Dienstleistern. Wer keinen Anti-Gen-Check, der nicht älter als 48 Stunden ist, vorweisen kann, darf nicht hinein. Auch an den Schulen beginnt die große Checkreihe mit „Nasen-Tests" vor der ersten Unterrichtsstunde.

Durch diese Maßnahmen wollen Regierung und Länder Covid-19 bis zu einer größeren Durchimpfungsrate unter Kontrolle halten. Aber die Infektionszahlen steigen in den darauffolgenden Wochen trotzdem unerbittlich . . .

Regelmäßige „Nasen-Tests" bei den Kindern sollen an unseren Schulen Präsenzunterricht künftig ermöglichen.

Startschuss nach langem Lockdown auch für den Handel.

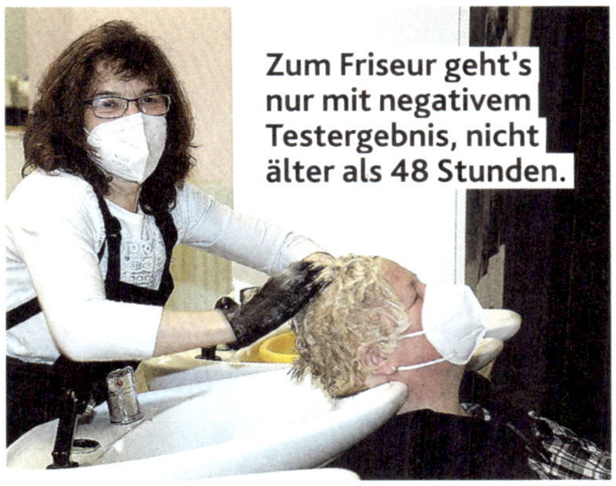

Zum Friseur geht's nur mit negativem Testergebnis, nicht älter als 48 Stunden.

Schock in Kirchengemeinde · Motiv Scheidung

Gebetshaus als Tatort: Mann ersticht Ehefrau

Fassungslosigkeit in der Pfarrgemeinde der syrisch-orthodoxen Kirche in Wien-Favoriten. In einer Asylunterkunft im Gebetshaus soll ein Syrer (52) seine 45-jährige Ehefrau mit mehreren Messerstichen getötet haben. Motiv: die bevorstehende Scheidung.

Das Ehepaar lebt mit seinem Sohn (17) seit vier Jahren in der Kirche Antiochien St. Ephrem. Seine jüngere Ehefrau will sich offenbar von dem Syrer scheiden lassen. Wie „Krone"-Redakteur Stefan Steinkogler berichtet, soll letztlich ein Apfelwurf ins Gesicht nach einem Streit den Mordverdächtigen ausrasten haben lassen, als er angeblich nur „fürsorglich" Tee ans Bett bringen will. Der Mann greift jedenfalls zu einem Messer und sticht mehrmals auf die 45-Jährige ein. Für die Frau kommt jede Hilfe zu spät, er lässt sich widerstandslos festnehmen.

Foto des Ehepaares aus glücklichen Tagen (re.). Im Gebetshaus der syrischen Kirche in Wien kommt es zum Familiendrama.

Russlands Präsident trotz weltweiter

Zuerst Gift dann

Russlands Zar Wladimir Putin zeigt der Welt eiskalt, wie er mit Kritikern umgeht. Nach der Rückkehr des, nach einem Gift-Anschlag wiedergenesenen, Regime-Gegners Alexej Nawalnij aus Deutschland wird der Oppositionspolitiker in Moskau bei einem Schnellverfahren zu Haft in einem Straflager verurteilt.

Die kuriose Begründung für die Gerichtsfarce: Der Regierungs-Gegner habe durch seinen Spitalsaufenthalt in der Berliner Charité aufgrund eines heimtückischen Gift-Anschlags mit dem Nervenkampfstoff Nowitschok, den er nur knapp überlebt, gegen die Bewährungsauflagen verstoßen.

Vor seiner Rückkehr aus Deutschland in die Heimat bewegt der mutige Nawalnij in einem fingierten Telefonat als angeblicher Geheimdienst-Mitarbeiter noch einen Agenten des russischen Nachrichtendienstes FSB quasi zu einem „Geständnis"! Dafür rächt sich die Staatsmacht – gleich nach der Landung wird der Oppositionspolitiker jedenfalls in einem Schnellverfahren zu dreieinhalb Jahren Haft verurteilt. Die der Kreml-Kritiker in einem Straflager verbüßen muss.

Russlandweit kommt es darauf zu Protesten, die von der berüchtigten Sondereinheit OMON oft mit Gewalt niedergeschlagen werden.

Bezos ist im Unruhestand

Amazon-Chef Jeff Bezos, wird nach seinem Rückzug von der Firmenspitze kaum leiser treten. Denn von Ruhestand in „Luxus-Pension" mit Freundin Lauren Sánchez in einer seiner Villen oder der 400-Millionen-Dollar-Jacht „Flying Fox" möchte der mit einem Vermögen von 156 Milliarden Euro zweitreichste Mensch der Welt nichts wissen. Künftig will sich der 57-Jährige seiner Raumfahrtfirma Blue Origin, dem Konkurrenten von Elon Musks Space-X-Projekt widmen.

Empörung eiskalt ▸ Schnellgericht für Oppositionspolitiker:

Straflager für Nawalnij

⊙ In ganz Russland kommt es zu friedlichen Protesten gegen die Staatsmacht nach der Verurteilung des Putin-Kritikers Nawalnij. ⊙

▸ **Eine Sturzflut** fordert im Norden Indiens bis zu 150 Tote. Der Abbruch eines Gletschers am Himalaja löst eine Kettenreaktion aus: Nach der Zerstörung eines Staudamms reißt eine Lawine aus Geröll und Wasser auch ein Elektrizitätswerk und Brücken mit sich.

▸ **Schon wieder** hat es ein Häftling in der Justizanstalt Graz-Karlau probiert: Wie schon im Oktober versucht der junge Russe (26) mit zwei Zelleninsassen zu türmen – und scheitert abermals. Die Möchtegern-Ausbrecher seilen sich durch ein Loch in der historisch-morschen Mauer mit Bettwäsche ab. Im Innenhof ist aber dann Endstation.

▸ **Drama im Weinkeller!** Bei Grabungsarbeiten im idyllischen Falkenstein in Niederösterreich bricht plötzlich das Gewölbe ein – rund drei Kubikmeter Erde reißen einen ortsbekannten Winzer und zweifachen Familienvater in den Tod. Sein Freund ist schwer verletzt.

▸ **Erneut Aufregung** um den amerikanischen Flugzeugbauer Boeing. Nach dem Absturz zweier 737 Max kommt es nun binnen Stunden zu zwei gefährlichen Zwischenfällen mit Jets. Wenige Minuten nach dem Start regnet es nach Triebwerksbränden sowohl in Denver, USA, wie im holländischen Maastricht Trümmerteile vom Himmel. Wie durch ein Wunder gibt es „nur" zwei Verletzte.

▸ **Die Ermittler** der Wirtschafts- und Korruptionsstaatsanwaltschaft nehmen nach dem Finanzminister nun sogar das Höchstgericht ins Visier. Ex-Justizminister und Verfassungsrichter Wolfgang Brandstetter muss ebenso wie der – später suspendierte – Sektionschef Christian Pilnacek sein Handy abgeben. Es geht um eine angeblich verratene Razzia bei einem bekannten Investor.

Das Skandalinterview des Jahres liefern Britenprinz Harry und seine Ehefrau Herzogin Meghan. In einem weltweit ausgestrahlten Fernsehgespräch werfen sie dem Königshaus unter anderem Rassismus vor. Die royale Rache folgt.

TOP-THEMEN IM MÄRZ

- Verkehrsministerin will Raser mit strengeren Strafen bremsen
- Aus Angst vor Krise horten die Österreicher Milliarden Bargeld
- Feuerattentat: Ex-Frau aus Rache mit Benzin übergossen
- Historische Friedensmission von Papst Franziskus in den Irak

Bild des Monats

Prinz Harry & Herzogin Meghan werfen Königshaus Rassismus und Lügen vor

Skandalinterview: Angriff auf

Das Interview des Jahres liefern Prinz Harry und Herzogin Meghan. Die beiden packen im US-Fernsehen (CBS) im Gespräch mit Starmoderatorin Oprah Winfrey aus und tischen wüste Geschichten und Anschuldigungen über das englische Königshaus auf. Der als harmlose TV-Plauderei beginnende Auftritt endet als royaler Skandal.

Millionen Zuseher sind ob der direkten Angriffe und Beschuldigungen, die das Paar gegen die Queen und das Königshaus erhebt, fassungslos.

Sie werfen dem Palast Rassismus, Lügen und Rufmord vor. So etwa behauptet Meghan, dass sie vor der Geburt ihres Sohnes über Gespräche erfahren habe, wonach man sich im Buckingham Palace darum sorgte, wie dunkel die Haut von Archie sein werde.

Und wegen des Drucks durch die königliche Familie sei sie Anfang 2020 psychisch am Boden und selbstmordgefährdet gewesen. Doch der Schuss aus Übersee gegen das Königshaus geht nach hinten los: Nur wenige Tage nach dem Interview sind Britenprinz Harry (36) und seine Frau bei den Briten unbeliebt wie noch nie.

Laut Umfrage hat erstmals eine Mehrheit (48%) keine gute Meinung von Harry. Und seine Frau Meghan kommt noch schlechter weg: 58% der Befragten zeigen kein Verständnis für ihre Anwürfe und Beleidigungen.

Zu schnell – ein Polizist beim „Blitzen" mit Radarpistole. Geht es nach der grünen Ministerin Gewessler (re.) sollen Temposünder rigoros gestraft werden.

Verkehrsministerin präsentiert Gesetzespaket:

„Rasern wird es bald an den Kragen gehen!“

Mit einem Fünf-Punkte-Plan will Ministerin Leonore Gewessler Raser in Österreich kräftig einbremsen. Schließlich ist bei jedem dritten Verkehrsunfall mit Todesfolge erhöhte Geschwindigkeit mit im Spiel. Drakonische Strafen werden ab Sommer schlagend.

„Das entsprechende Gesetzespaket liegt bereit, der Inhalt liefert Diskussionsstoff“, erklärt „Krone“-Redakteur Matthias Lassnig die Punkte im Detail: Rasern, die wiederholt erwischt werden, kann nach Schweizer Vorbild das Fahrzeug abgenommen werden. Allerdings wird diese Strafe noch geprüft.

Fix ist indes: Ab Sommer können bei Raserei Strafen bis 5000 Euro, der Führerscheinentzug für mindestens sechs Monate und ein verpflichtender Besuch beim Verkehrspsychologen verhängt werden. Wer an illegalen Wettrennen teilnimmt, soll die Lenkerberechtigung für sechs Monate abgeben müssen.

Auch wenn Meghan Queen Elizabeth II einst „als liebe Oma“ bezeichnete (li.), so trifft sie nach dem Skandalinterview die Rache des Königshauses. Prinz William und Kate (re.) gehen auf Distanz zum neuen „Skandalpaar“.

„Royale Rache“

Queen

Deshalb bekommt die Herzogin von Sussex den aristokratischen Groll der royalen Großmutter zu spüren: Der als Meghan Markle in Los Angeles geborenen Ex-Schauspielerin (39) werden ihre liebsten zwei Ehrenämter entzogen.

Die königliche Rache: Das freche Skandalpaar verliert all seine royalen Titel!

Für Karl von Habsburg ist die Attacke „entbehrlich“.

Kaiserenkel Karl Habsburg kritisiert TV-Auftritt:

„Dieses Fernsehgespräch ist entbehrlicher Tratsch & Müll“

„Ein derartiger TV-Auftritt ist gossip (Tratsch) und trash (Müll)“. So klar kritisiert Karl als Oberhaupt der Familie Habsburg das Skandal-Interview von Harry und Meghan, „wenn es tatsächlich Probleme oder Dissonanzen im privaten Bereich gibt, dann wäre es doch eher angebracht, derartige Dinge konkret im privaten Rahmen zu klären.“ Noch heftiger fällt die Kritik des britischen Moderators Piers Morgan aus: „Das war die außerordentlichste, unaufrichtigste geplante Verunglimpfung der königlichen Familie und der Königin.“

Mit Gewalt niedergeschlagen wird die Demokratiebewegung in Hongkong von Chinas Präsident Xi Jinping. Anfang März beschließen die Abgeordneten des Volkskongresses in Peking eine umstrittene Wahlrechtsreform für Hongkong. Mit diesem unmissverständlichen Rechtsakt soll sichergestellt werden, „dass die Sonderverwaltungsregion nur noch von Patrioten regiert wird.“

17 Prozent vom Essen landen direkt im Müll

Ein UN-Bericht deckt ein trauriges Ungleichgewicht auf: 17 Prozent aller weltweit verkauften Lebensmittel landen im Abfall. Allein in Österreich endet jährlich eine Million Tonnen Lebensmittel in Mülltonnen von Privaten, Restaurants etc. Und: Global leiden 700 Millionen Menschen Hunger.

Weibliche Vorstände: Schlusslicht in Europa

Bei der Besetzung von Vorstandspositionen mit Frauen ist Österreich weiterhin ein unrühmliches Schlusslicht in Europa. In den an der Börse notierten Unternehmen sind lediglich 17 von 225 Vorstandspositionen (7,6%) mit Frauen besetzt. Nur Luxemburg ist mit 4% noch schlechter aufgestellt.

Moment

CONNY BISCHOFBERGER

Auch heute noch

Frauen als große Verliererinnen in der Corona-Krise. Frauen-Helpline, Frauenquote. Frauen in Männerberufe, Frauen in Aufsichtsräte und an die Spitze! Die gestrige Parlamentsdebatte zum Internationalen Frauentag war richtig und wichtig. Frauenrechte sind Menschenrechte, und deshalb muss man nicht der Ansicht von Alice Schwarzer sein, die im „Krone"-Sonntagsinterview dafür plädierte, den Frauentag abzuschaffen, weil er „gönnerhaft" sei.

Aber die Sondersitzung machte auch deutlich, dass Politikerinnen und Politiker Frauenprobleme gerne in Erste und Dritte Welt einteilen. Dass Frauen sich verhüllen müssen, eingesperrt werden, dass Kinder verheiratet und Mädchen beschnitten werden, das kommt bei uns eh nicht vor. Stimmt aber nicht. Deshalb mutete es eigenartig an, dass Frauen, die das auch heute noch erleiden müssen, und zwar in Österreich, gestern mit keinem Wort erwähnt wurden.

Mitten in Wien ist eine Trafikantin von ihrem Ex-Partner mit Benzin übergossen und angezündet worden. Ja, der mutmaßliche Täter ist Österreicher, aber mit arabischen Wurzeln. Er stammt aus einer Kultur, in der Frauen nach dem islamisch geprägten geltenden Familienrecht abhängig sind von Vätern, Brüdern oder Ehemännern, und in der Gewalt gegen Frauen ein Herrenrecht ist.

Das Opfer des entsetzlichen Anschlags kämpft auf der Intensivstation um sein Leben. Nur eine einzige Abgeordnete, die Grüne Meri Disoski, schickte dieser Frau am Internationalen Frauentag Kraft. Danke.

Wiener Trafikantin stirbt vier Wochen nach Feuerattentat:

Rache – Freundin mit Benzin übergossen und angezündet!

Seelenruhig und eiskalt soll ein gebürtiger Ägypter (47) seine Freundin mit Benzin übergossen und angezündet haben! Motiv des Verdächtigen: Rache, da ihn die Wiener Trafikantin verlassen wollte.

Mit schwerer Rauchgasvergiftung und Verbrennungen wird die 35-jährige Nadine W., eine gebürtige Niederösterreicherin, ins Spital eingeliefert. Ein tragischer Wettlauf mit der Zeit und gegen den Tod beginnt.

„Was die Frau zuvor erlitten hat, ist grauenhaft", schildert Redakteur Stefan Steinkogler die Tragödie. Der 45-jährige Ashraf A. – für ihn gilt die Unschuldsvermutung – soll die leicht körperbehinderte Frau in der Trafik niedergeschlagen, mit einem Kabel gedrosselt, mit Benzin überschüttet und dann angezündet haben.

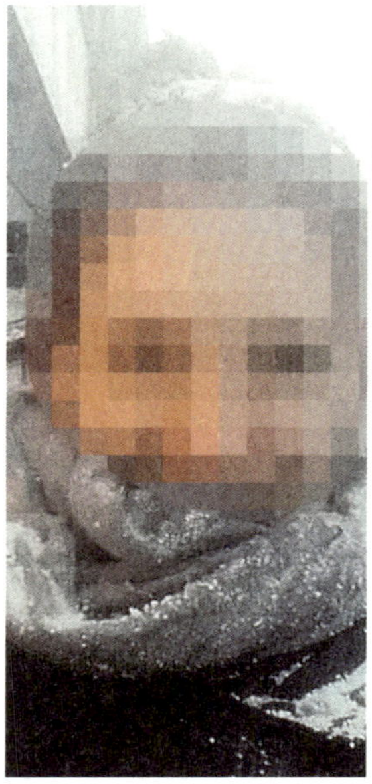

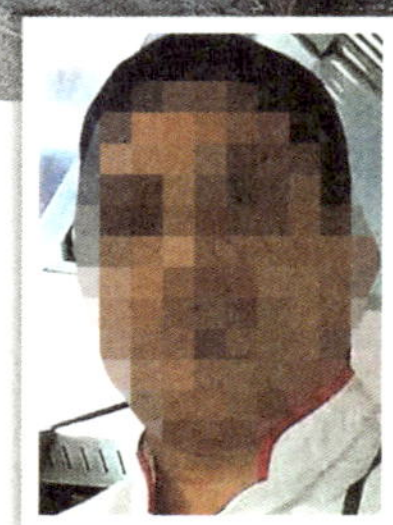

Blumen am Tatort für Nadine (35). Sie starb ein Monat nach dem Anschlag. Der Verdächtige.

„Wie auf einem Überwachungsvideo zu sehen ist, verließ er den Tatort, ohne sich umzudrehen und sperrte zu. Passanten zertrümmerten die Glastür, das Opfer wurde ins AKH eingeliefert", so der Wiener Polizeisprecher Daniel Fürst. Verwandte und Freunde beteten für die Frau, in der „Krone" langten Spenden für sie ein. Doch alle Gebete und Hoffnungen blieben unerfüllt.

Nadine erlag im Spital ihren Verbrennungen . . .

Tiefe Trauer um Kult-Regisseur Peter Patzak. Der legendäre „Kottan"-Macher und Regisseur zahlreicher Filme stirbt 76-jährig im Kremser Spital an den Folgen eines Herzleidens.

Irre Wasservergeudung

AKW-Kühlung als Ökosünde

Eine skrupellose Ressourcen-Gier rund um die Nuklearindustrie deckt der Grüne Anti-Atomsprecher Martin Litschauer auf: EU-weit werden jährlich 2,4 Milliarden (!) Kubikmeter kostbares Nass in die Kühlung von AKWs gepumpt. Das entspricht dem Wasserbedarf Österreichs in einem Jahr und dem vierfachen Gesamtvolumen des Neusiedler Sees. Das kostbare Nass wird anderswo – etwa in der unter den steigenden Temperaturen leidenden Landwirtschaft – bitter benötigt.

Gleich 2 First Dogs bringt US-Präsident Joe Biden im Gegensatz zum Hundehasser Trump mit ins Weiße Haus. Fotos der beiden deutschen Schäferhunde finden im Internet großen Anklang. Allerdings kommt es Anfang März zu einem Vorfall: Major, der jüngere der beiden „Wachhunde", beißt ausgerechnet einem Bodyguard des Präsidenten ins Bein. Deshalb müssen beide Hunde das Weiße Haus verlassen, sie dürfen aber nach einer Nachschulung wieder einziehen.

Historischer Besuch in Krisenregion · Franziskus betet in Trümmern von Mossul

Papst-Mission in den Irak

Iraks Regierungschef Al-Kadhimi empfängt Franziskus.

Der Besuch von Papst Franziskus in Bagdad ist eine historische Mission: Denn es ist die erste Visite eines Oberhaupts der katholischen Kirche im Krisenland Irak. Und auch dort hat die christliche Minderheit unter dem IS-Terror gelitten. Gleichzeitig ist es die erste Auslandsreise des Papstes seit Beginn der Pandemie.

Somit erfüllt der Heilige Vater die langjährigen Hoffnungen der leidgeprüften Christen des Landes. Papst Johannes Paul II. war die Reise noch verboten worden. Der aufkeimende islamische Fundamentalismus hatte die christliche Minderheit im Irak dezimiert. Von etwa 1,5 Millionen Christen im Jahr 2003 sind noch etwa 300.000 da.

Trotz allem sorgt Franziskus einmal mehr für eine Sensation: In den Ruinen der einstigen Terrorhochburg Mossul predigt der Pontifex Maximus als größter Brückenbauer Versöhnung und gegen den Hass im Namen der Religionen.

„Somit hat Franziskus nicht nur den Christen im Irak ein Stück Hoffnung gebracht, sondern das ganze irakische Volk mit Stolz erfüllt", so trefflich fasst „Krone"-Außenpolitik Redakteur Clemens Zavarsky den historischen Besuch zusammen.

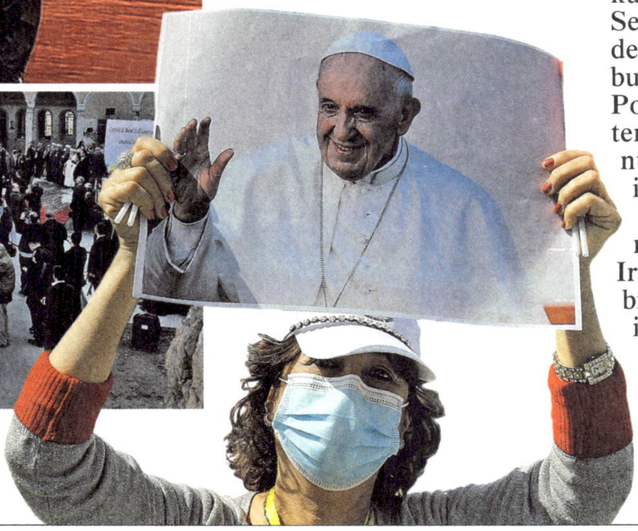

⊙ Der Papst spricht vor Gläubigen in den Ruinen von Mossul. Papst-Fan in Bagdad. ⊙

Überraschung im Körbchen! Tief blicken lässt Sharon Stone mit 63 – körperlich wie seelisch: In ihrem Buch erzählt die „Basic Instinct"-Diva von der „Überraschung ihres Lebens": Nach einer Operation wachte sie nämlich mit einer Körbchengröße mehr auf. Der Arzt hatte ihr die Vergrößerung der Oberweite ohne Absprache verpasst.

Atlanta: Sexsucht löst Amoklauf aus

2 Massaker –

Zwei Amokläufe innerhalb von nur einer Woche lösen in den USA erneut Proteste für ein schärferes Waffengesetz aus. Zuerst stürmte der Rassist und Waffennarr Robert Long drei Massagesalons in Atlanta und tötete acht Menschen. Nur sechs Tage später erschießt ein Psychopath in einem Markt in Boulder zehn Menschen.

Nachdem er gefasst worden war, gab der 21-jährige Robert Long seiner Sexsucht die Schuld an seiner Tat. Er habe gleichsam als „Racheengel" mit seiner 9-mm-Kaliber-Pistole in den drei Massagesalons in seiner Heimatstadt Atlanta (US-Bundesstaat Georgia) „Orte der Versuchung" auslöschen wollen. Noch vor der Tat hatte der Amerikaner stundenlang perverse Sexfilme im Internet angeschaut.

Sechs der acht Todesopfer waren asiatische Mitarbeiterinnen des Massage-Instituts, die beiden weißen Opfer waren Kunden.

Einer der 3 Massagesalons in denen der sexsüchtige Waffennarr Robert Long ein Blutbad angerichtet hat.

2,5 Milliarden € mehr · Ursache: Corona-Angst Nullzinsen

Österreicher horten Bargeld!

War es die Angst vor der großen Wirtschaftskrise oder die Folge der Nullzinspolitik? Der Bestand an Bargeld jedenfalls ist im Vorjahr laut der Nationalbank um 2,5 Milliarden € angestiegen. Somit werden insgesamt 12 Milliarden € „unter dem Kopfpolster" gehortet.

„Und das ist immerhin fast ein Drittel des gesamten Bargeldes, das im Umlauf ist", wie „Krone"-Wirtschaftsredakteur Manfred Schumi errechnet. Laut dem Nationalbank (OeNB)-Gouverneur Robert Holzmann lieben die Österreicher das Bargeld. Er ist daher auch gegen die geplante Abschaffung der Ein- und Zweicent-Münzen oder Obergrenzen bei Barbezahlungen.

Das Ankaufprogramm der Notenbanken in der Eurozone zur Entlastung der Banken und Ankurbelung der Wirtschaft hat zu einem starken Anstieg der Bilanzsumme der OeNB geführt, sie hält ein Drittel der Staatsanleihen.

Doch die größte Hilfe erhält die Republik dadurch, dass sie für ihre Schulden weniger Zinsen zahlen muss.

Aus Bargeldliebe horten Haushalte 12 Milliarden €.

Gabalier-Comeback bei Dolezal auf krone.tv

In der ersten Sendung von Star-Filmer Rudi Dolezal auf krone.tv begrüßt dieser mit Andreas Gabalier einen würdigen Gast. Der bricht bei „OHNE Maulkorb MIT Dolezal" nach Monaten sein Schweigen gegenüber den Medien. Dolezals Motivation: „Ich will mit krone.tv etwas in der TV-Landschaft bewegen – so wie einst mit der Gründung von VIVA." Als Leckerbissen für Falco-Fans serviert Rudi ein unveröffentlichtes Video von „Rock me Amadeus" (re).

Boulder: Psychopath als Attentäter

18 Todesopfer!

Beim zweiten Anschlag wiederum sorgt ein Todesschütze in einem Supermarkt in Boulder (US-Bundesstaat Georgia) für Angst und Entsetzen.

Der ebenso erst 21-jährige Psychopath Ahmad A. läuft mit einem Sturmgewehr vom Typ AR-15 durch die Gänge und tötet wahllos zehn Menschen. Der Mörder kann angeschossen und außer Gefecht gesetzt werden. Stars wie Bette Midler und Jessica Biel fordern strengere Waffengesetze.

Nach dem Anschlag im Supermarkt führen Polizisten den am Bein angeschossenen Attentäter ab. Verängstigte Kunden fliehen während der Schießerei in Panik vor dem Todesschützen (o).

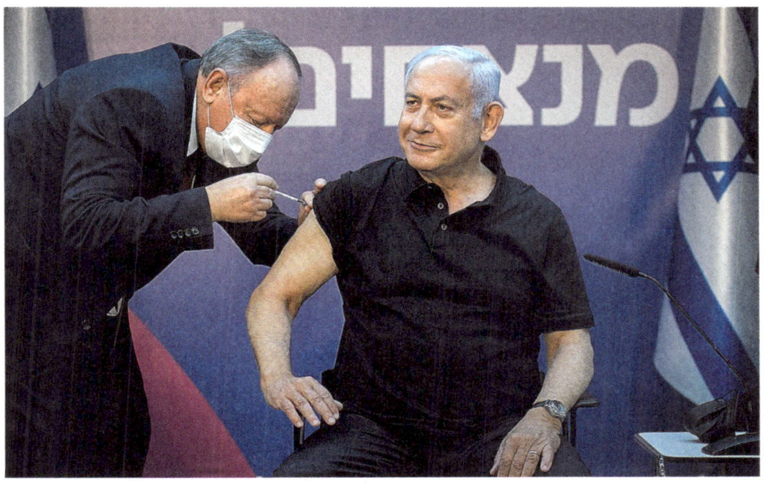

Erst der Premier, dann wird das ganze Volk im Eiltempo geimpft

Benjamin Netanyahus Likud stärkste Partei:

Mit Impf-Rekord gewinnt Bibi die Wahlen in Israel

„Im Wettlauf gegen Corona gelingt es Israel, seine Bürger im Blitztempo durchzuimpfen", berichtet der „Krone"-Politikexperte Kurt Seinitz von seinem Lokalaugenschein im Nahen Osten. Mit dem Impf-Weltrekord ist dem 71-jährigen Premiermister Benjamin „Bibi" Netanyahu ein Politstreich gelungen: Denn vielen Unkenrufen zum Trotz gewinnt er mit seiner rechtskonservativen Likud-Partei als stärkste Einzelpartei die Wahl. Allerdings kommt keiner der Blöcke – weder die Netanyahu-Unterstützer noch seine Gegner – auf die nötige Mehrheit. Ein Koalitionspoker beginnt.

Nach dem Militärputsch sorgen Auseinandersetzungen für ein blutiges Chaos:

Burma versinkt im Bürgerkrieg

Da viele Menschen gegen den Putsch in Burma auf die Straßen gehen, lassen die Militärs gnadenlos auf die Demonstranten schießen. 220 Opfer sind Ende März zu beklagen und 2200 Leute wurden von der Armee festgenommen – das Land treibt in Richtung Bürgerkrieg.

„Dies ist der dunkelste Moment unserer Nation, aber die Morgendämmerung naht“, so ruft Oppositionsführer Mahn Win Khaing Than, ein Vertrauter der inhaftierten Freiheitsikone Aung San Suu Kyi, die Bevölkerung aus seinem Versteck via Facebook dazu auf, die „Revolution weiterzuführen“. Denn das Land versinkt bereits im Chaos. In den Straßen liegen Tote, brennen Barrikaden, schreien Verletzte. Viele Menschen fliehen in Todesangst aus Rangun.

Schließlich schießen die Soldaten mit scharfer Munition nicht nur auf friedliche Demonstranten auf den Straßen. Sie feuern auch auf Menschen, die in ihren Wohnungen hinter den Fenstern stehen. Streikende Arbeiter werden von den Militärs ebenso ins Visier genommen.

In der Folge explodieren die Preise für Grundnahrungsmittel und Treibstoff. Jede Hoffnung auf Verhandlungen ist vorerst verflogen.

Soldaten eröffnen das Feuer auf Zivilisten. Trotz Trauer und Schmerzen kämpfen Regime-Gegner weiter gegen den Putsch.

Ein 400-Meter-Schiff läuft auf Grund

Megafrachter

Selbst ein Bagger wirkt bei Grabungsarbeiten am Bug des Frachters wie ein Spielzeug. Das 400 Meter lange Schiff liegt quer und versperrt die Durchfahrt.

In einem Sandsturm läuft das Containerschiff „Ever Given“ am 26. März im Suezkanal auf Grund. Der quer liegende, 400 Meter lange und 59 Meter breite Frachter versperrt die Durchfahrt am Nadelöhr des Welthandels. Erst nach sechs Tagen unermüdlicher Arbeit gelingt es ägyptischen Hilfskräften, das Schiff freizulegen.

Der unter der Flagge Panamas fahrende Riesenfrachter mit knapp 21.000 Containern an Bord gerät im Sturm in Querlage und blockiert die wichtigste Wasserstraße der Welt. In den sechs Tagen, in denen die „Ever

Snowboard-Königin wird bald Filmstar

Anna Gasser, Olympiasiegerin von 2018, verpasst bei der WM in Aspen die Medaillenränge und wird bei starkem Schneefall Vierte. Der Sieg geht an die Kanadierin Laurie Blouin. Wahrscheinlich war es der letzte WM-Auftritt der attraktiven Millstätterin. Denn wie sie Redakteurin Anja Richter verrät, will sie nach Olympia in Peking ihre Karriere an den Nagel hängen und sich ganz dem Filmen verschreiben.

Ein Prinz vor Gericht. „Nicht schuldig!", so meldet sich Prinz Ernst August von Hannover im Landesgericht Wels (OÖ) zu Wort. Der Welfe soll im Sommer betrunken in seiner Jagdresidenz im Almtal Polizisten verletzt und Angestellte bedroht haben. „Der 67-jährige wird zu zehn Monaten bedingter Haft verurteilt", berichtet Philipp Zimmermann.

Stau am Nadelöhr des Welthandels ▸ Milliardenschaden

versperrt Suezkanal

Given" festliegt, stauen sich 400 weitere Frachter auf beiden Seiten mit Konsumgütern, Zement oder lebenden Tieren an Bord des havarierten Schiffs.

Bagger und Schlepper versuchen, den wie einen riesigen Wal gestrandeten Frachter freizubekommen und in tieferes Wasser zu ziehen. Nach mehreren Tagen unermüdlicher Arbeit endlich der Durchbruch.

Den Ägyptern ist es gelungen, das Schiff der japanischen Firma Shoei Kisen Kaisha wieder flott zu machen. Dennoch dauert es noch Wochen und Monate, bis der Megarückstau im internationalen Handel behoben werden kann. Die Folgen der Blockade der 190 Kilometer langen Wasserstraße, auf der 30 Prozent des weltweiten Containervolumens transportiert werden, sind enorm.

Der Schaden für die Weltwirtschaft wird von Experten auf bis zu zwei Milliarden Euro geschätzt.

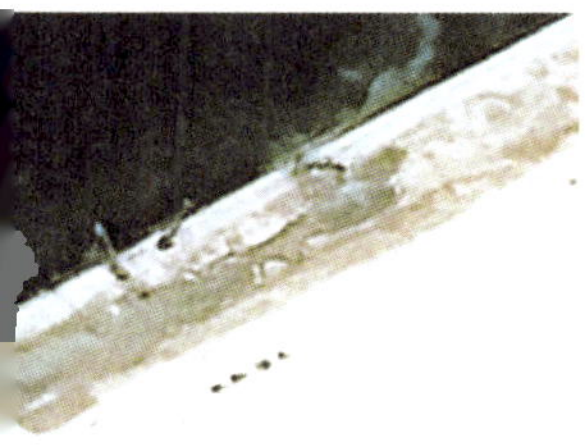

Erst nach sechs Tagen gelingt es ägyptischen Schleppern, das gestrandete Containerschiff wieder in die Fahrrinne zu ziehen.

Schwer unter Druck gerät die Union in Deutschland, da ein Skandal auffliegt: Georg Nüsslein von der CSU und Nikolas Löbel (CDU) haben sechsstellige Provisionssummen bei Geschäften mit Covid-Masken in die Tasche gesteckt.

Rekordkurs für Spar. Das heimische Unternehmen freute sich zehn Jahre über höhere Zuwächse als die Konkurrenz. Nun liegt Spar mit 34,6 % Marktanteil an der Spitze des österreichischen Lebensmittelhandels.

In Los Angeles wird US-Vater Ali Elmezayen (45) zu 212 Jahren Gefängnis verurteilt, weil er seine beiden Söhne für Geld von der Versicherung ertränkt hat. Für den Tod der Buben wollte er von acht Unternehmen drei Millionen Dollar kassieren.

Weltweite Proteste löst der türkische Präsident Recep Tayyip Erdoğan (67) aus. Er stoppt per Dekret die Initiative gegen Gewalt an Frauen und verkündet den Austritt der Türkei aus der Istanbul-Konvention.

720.000 Dollar für eine Flohmarktschüssel! In New York zahlt ein Mann für eine blauweiße Schale am Trödelmarkt läppische 35 Dollar. Das Auktionshaus Sotheby's versteigert die jahrhundertealte alte chinesische Antiquität um das Zwanzigtausendfache.

Tsunami-Opfer Abrip Asep wird 16 Jahre nach der Katastrophe gefunden. Seit 2004 fehlte von dem Indonesier jede Spur, da er in einer psychiatrischen Klinik untergebracht war. Erst jetzt wird er über soziale Medien entdeckt.

Die Strafsumme von 1,1 Milliarden Dollar muss die University of Southern California an 710 ehemalige Studentinnen bezahlen, die vom Uni-Gynäkologen George Tyndall sexuell missbraucht wurden.

Bild des Monats

TOP-THEMEN IM APRIL

- Prinz Philip stirbt in Windsor: Briten trauern mit ihrer Königin
- Keine Corona-Atempause für das weltweite Klima
- Truppenaufmarsch an Grenze: Putin lässt die Panzer rollen
- „Killer-Agenten" flüchten nach ihrem Attentat über Wien
- Polit-Paukenschlag – Rückzug Doskozils aus der Bundes-SPÖ

„Ich will mich nicht kaputtmachen", so begründet der grüne Gesundheitsminister Rudolf Anschober seinen Rücktritt. Da er völlig überarbeitet sowie ausgepowert sei und sich zudem auch alleingelassen gefühlt habe, legt der 60-Jährige sein Amt nach 14 durchgearbeiteten Monaten zurück.

Nach überraschendem Rücktritt von Gesundheitsminister Anschober folgt ihm ein Arzt:

Nun „ordiniert“ Dr. Mückstein

Mit Tränen in den Augen gibt Rudolf Anschober am 13. April seinen Rücktritt als Gesundheitsminister bekannt. Sein in diesen Zeiten so wichtiges Amt übernimmt der Wiener Arzt Wolfgang Mückstein (46).

⊲ Bei der Angelobung im Maria-Theresien-Zimmer sorgen Mücksteins weiße Turnschuhe für Wirbel. Vize-Kanzler wünscht dem grünen Parteifreund alles Gute.

Er sei ausgepowert und fühle sich auch alleingelassen, so begründet Anschober (60) seinen Rücktritt. „Die Stimme war belegt, die Worte kamen nur zögerlich aus seinem Mund. Sichtlich gezeichnet und gerührt verkündete der Gesundheitsminister das, worüber schon in den vergangenen Tagen viel spekuliert worden ist, und auch das, was Anschober eigentlich nicht wollte: seinen Rücktritt“, so analysiert „Krone“-Politikredakteurin Doris Vettermann den sentimentalen Abgang des Oberösterreichers.

Er habe seit 14 Monaten durchgearbeitet, jetzt sei ihm aber die Kraft ausgegangen. Nach zwei Kreislaufkollapsen, Bluthochdruck, einem Tinitus sowie Morddrohungen samt Polizeischutz, den er seit November benötigte, habe er die Notbremse ziehen müssen.

Mitten in der dritten Coronawelle übernimmt der Arzt Wolfgang Mückstein (Grüne) eines der wohl schwierigsten Ämter anno 2021.

Die Leiden eins Playmates im antiken Alexandria finden endlich den Weg zum Publikum. Denn die prächtige Produktion von Jules Massenets Oper „Thaïs“ wird in ORF III in der Reihe „Wir spielen für Österreich“ ausgestrahlt. Peter Konwitschny inszenierte das Drama, eindrucksvoll ausgestattet von Johannes Leiackers und am Dirigentenpult: Leo Hussain. Als atemberaubende Schönheit brilliert die Sopranistin Nicole Chevalier (Bd).

Der Welterklärer ist tot. Österreich trauert um Hugo Portisch, den bedeutendsten Journalisten des Landes. Er starb im 95. Lebensjahr. 1955 holte ihn Hans Dichand zum „Kurier“. 1967 kam Portisch als Chefkommentator zum ORF, berichtete 1969 von der Mondlandung (Bd. u.) und lieferte packende Reportagen als Auslandskorrespondent. Seine Dokumentation „Österreich 1 & 2“ prägten das kollektive Geschichtsbewusstsein.

Nackter Wirbel um ein Nacktfoto, geschossen auf einem Balkon in Dubai. Der russische Milliardär Aleksey Kontsov (33), Organisator des international aufsehenerregenden Foto-Shootings, wird verhaftet. Er landet für einige Tage hinter Gittern und kommt erst nach Hinterlegung eines saftigen Bußgeldes wieder frei. Die Schönheiten werden sofort ausgewiesen. Sie dürfen den Wüstenstaat die nächsten fünf Jahre nicht besuchen.

Kreml-Chef macht klar: „Keine NATO-Annäherung der Ukraine“

Truppenaufmarsch an Grenze: Putin lässt die Panzer rollen!

Putin stellt Biden auf die Probe

Anfang April lässt Putin wieder die Panzer rollen. Auf Befehl des Kreml-Chefs werden Kampfpanzer, gepanzerte Artilleriesysteme sowie hochmoderne Flugabwehrsysteme an der Ostgrenze der Ukraine sowie auf der annektierten Krim in Stellung gebracht. Zudem schickt er weitere 15 Kriegsschiffe ins Schwarze Meer.

Wobei die Hintergründe für den Aufmarsch der Truppen vorerst gar nicht ganz klar sind.

Plant der Kreml-Chef gar einen neuen Einmarsch seiner Armee in die, von russlandtreuen Separatisten beherrschten, Regionen Luhansk und Donezk im ostukrainischen Donbass? Oder plant Putin, den von der Ukraine seit 2014 geschlossenen Nord-Krim-Kanal zu erobern, um die Wasserversorgung der unter Trockenheit leidenden Halbinsel wieder sicherzustellen? Das Risiko scheint aber zu groß.

Eher anzunehmen ist, dass Putin den neuen US-Präsidenten Biden auf die Probe stellen und austesten möchte, wie weit er gehen kann. Einen von der Ukraine angestrebten NATO-Beitritt würde Putin nicht zulassen.

In Anbetracht des größten Truppenaufmarschs seit dem Ukraine-Krieg 2014 wächst die internationale Sorge, zumal Russland 15 Kriegsschiffe ins Schwarze Meer verlegt – offiziell „aber nur für ein Manöver“.

An der Grenze zur Ost-Ukraine marschieren russische Truppen auf.

Elizabeth & Philip am Krönungstag 1953

Royales Familienporträt: die Eltern mit Charles sowie Andrew, Anne und Edward

> Er führte ein Leben für die Queen > Für Elizabeth verzichtete er auf Militärkarriere

Die Briten nehmen Abschied von

Der Ehemann der britischen Königin Elizabeth II stirbt am 9. April auf Schloss Windsor. „Mit tiefster Trauer verkündet Ihre Majestät, die Königin, den Tod ihres geliebten Mannes, seiner Königlichen Hoheit, des Prinzen Philip, Herzog von Edinburgh", heißt es im veröffentlichten Statement. Mit seinem Tod geht eine Ära zu Ende

Die Queen sei „zutiefst betroffen", liest man im offiziellen Kommuniqué. Tatsächlich verlor die Monarchin, die neun Tage später ihren 95. Geburtstag begehen sollte, ihren Lebensmenschen. Das Paar war seit 1947 verheiratet. Obgleich der oft kauzig wirkende Herzog von Edinburgh nie die Krone trug, sein Vermächtnis für die britische Monarchie ist vermutlich viel größer als das vieler Könige.

Oder, wie Premier Boris Johnson in seiner Würdigung für den Verstorbenen meinte: „Das Königshaus ist auch dank Philip heute eine Institution, die unbestreitbar bedeutsam für das Gleichgewicht und das Glück unseres nationalen Lebens bleibt."

Obwohl er für sein hohes Alter als erstaunlich rüstig galt, litt der Prinzgemahl in den vergangenen Jahren immer wieder unter gesundheitlichen Problemen. Zuletzt

Gleichsam auf der „Reservebank": die EU-Kommissionspräsidentin Ursula von der Leyen

Absurde Sitzordnung:

„Sofa-Gate" von Sultan Erdoğan

Schon die Reise der EU-Spitze zum türkischen Präsidenten Recep Erdoğan sorgt im Vorfeld für Kritik. Erst recht die Sitzordnung.

Denn während für EU-Ratspräsident Charles Michel ein prächtiger Stuhl neben dem Gastgeber vorbereitet steht, wird die Kommissionspräsidentin Ursula von der Leyen aufs Sofa – um nicht „auf die lange Bank" zu sagen – verwiesen. Dort nimmt die Deutsche dann artig vis-à-vis des türkischen Außenministers Mevlüt Çavusoglu Platz. Kritiker bezeichnen den Affront als „Sofa-Gate".

Trauerzug folgt Philips Sarg, transportiert auf einem Land Rover

Prinz Philip nahm seinen Hut. Der smarte Herzog war prägend für den Adel in Europa und der Welt.

Viele werden bissigen Humor vermissen

Prinz Philip (99)

war Philip in einer Londoner Spezialklinik am Herzen operiert worden und hatte einen Monat im Krankenhaus verbracht. Von diesem schweren Eingriff sollte sich der 99-Jährige nicht mehr erholen. Zwei Monate vor seinem 100. Geburtstag ist er auf Schloss Windsor friedlich entschlafen.

Gemeinsam mit Menschen auf der ganzen Welt nimmt die königliche Familie Abschied. Trotz Corona-Auflagen erfolgt eine Trauerfeier, die der Verstorbene selbst choreografiert hatte. Beim Requiem sitzt die Queen alleine im Chorgestühl.

Die NATO zieht aus Afghanistan ab

Schulter an Schulter sind die westlichen Alliierten – unter ihnen am Anfang auch ein österreichisches Kontingent (Bd. r.) – nach den Anschlägen vom 11. September vor fast 20 Jahren mit den Amerikanern in den Krieg nach Afghanistan gezogen. Schulter an Schulter beginnen alle Truppen nun mit den USA wieder aus dem Land am Hindukusch abzuziehen. Ohne der US-Aufklärung und Luftwaffe würden die NATO-Truppen allzu sehr zur Zielscheibe der Taliban (Bd. l.). Zurück bleibt ein Macht-Vakuum.

Ein Drogenlenker reißt den beherzten Präsidenten des Behindertenrates, Herbert Pichler, aus dem Leben. Der mit Rauschgift zugedröhnte Autolenker (33) mäht den Rollstuhlfahrer auf der Breitenleer Straße in Wien nieder. Der 56-Jährige verstirbt noch am Unfallort. Pichler galt als prägendste Persönlichkeit der Behindertenpolitik.

Roter Polit-Paukenschlag Doskozil gibt Führungsfunktion in Partei per Brief ab

Rückzug aus der Bundes-SPÖ

Nach etlichen offen ausgetragenen Diskussionen um die Linie der SPÖ vor allem in Migrationsfragen wendet sich Burgenlands Landeshauptmann Hans Peter Doskozil von der Bundes-SPÖ ab. Den Schlussstrich für alle Führungsfunktionen in der Partei zieht der Spitzenpolitiker mit einem kritischen Brief.

Entzweit: SPÖ-Chefin Pamela Rendi-Wagner und Burgenlands Landeshauptmann Doskozil

„Liebe Pamela, liebe Mitglieder des Präsidiums (. . .).“ Mit diesen Worten beginnt ein vierseitiger Brief, den die SPÖ-Chefin von Burgenlands Landeschef erhält. Und der Inhalt hat es, wie „Krone“-Innenpolitikredakteur Klaus Knittelfelder analysiert, in sich: „Das rote Schwergewicht kündigt darin nämlich seinen Rückzug aus der Bundespartei an.“

Nach zahllos öffentlich ausgetragenen Scharmützeln mit der Parteispitze, wolle er nun „die SPÖ aus dem medialen Dauerfeuer nehmen“ und daher beim Parteitag am 26. Juni seinen Job als Vizeparteichef an den Nagel hängen. Künftig werde er sich nur mehr um das Burgenland kümmern.

Einmal mehr beklagt er im langen persönlichen Schreiben die Linie der Parteispitze puncto Migration. Generell verliere sich die Sozialdemokratie in „Nischenthemen“.

U-Boot-Drama: 53 Todesopfer

Drama um ein indonesisches Marine-U-Boot deutscher Bauart vor der Küste von Bali. Bei einem Manöver verunglückt die „KRI Nanggale-402“ mit 53 Seeleuten an Bord. Vier Tage später wird das Schiff am Meeresgrund gefunden – jede Hilfe kommt zu spät.

Ostösterreich von Beben erschüttert

Ein ordentlicher „Rumpler“ mit einer Magnitude von 4,4 reißt Tausende Menschen in Ostösterreich aus dem Schlaf. Epizentrum der Erdstöße im Wiener Becken ist der Bereich Neunkirchen (Niederösterreich). In der Folge gibt es immer wieder kleine Nachbeben.

Ibiza-Skandal als Serie. Die filmreife Affäre um Ex-FPÖ-Chef Heinz-Christian Strache, Johann Gudenus und eine „schoafe“ angebliche russische Oligarchennichte in einer verwanzten Villa auf der spanischen Partyinsel wird von Sky als vierteilige Reihe produziert. Unter der Regie von „Tatort“-Spezialist Christoph Schier spielt Andreas Lust den gestürzten blauen Spitzenpolitiker, Nicholas Ofczarek mimt den angeklagten Detektiv und Julian Loomann ist Gudenus.

Lederhose gegen Lederkluft: Überraschend anders und betont weiblich zeigt sich der heimische Schlagerstar Melissa Naschenweng bei einem Fotoshooting im Casinohotel Velden in ihrer Kärntner Heimat. „Wer sagt denn, dass ein Dirndl immer brav sein muss?" – eine Frage, die sich der rot-weiß-rote Musikstern in ihrem „Lausbuam Blues" als auch im echten Leben stellt. Und die Antwort liefert die 31-Jährige mit diesen Bildern. „Aber egal, welches Outfit – die inneren Werte bleiben immer dieselben, und auf die kommt es an im Leben."

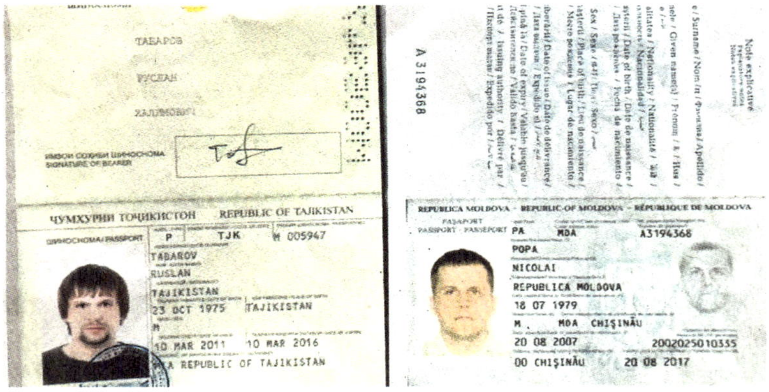

⊗ Pässe der „Killer-Agenten" für die Einreise nach Tschechien. Ein Video zeigt sie vor dem Attentat auf Doppelagent Skripal. ⊗

Kalter Krieg zwischen Prag und Moskau

„Killer-Agenten" flüchten nach Attentat über Wien

Wien als Drehscheibe des kalten Krieges zwischen Tschechien und Russland im Geheimdienst-Krimi um eine gesprengte Munitionsfabrik! Denn die Flucht der beiden „Killer-Agenten", die auch für einen Giftanschlag verantwortlich sind, läuft über die Donaumetropole.

Wien gilt nicht erst seit der Verfilmung von „Der Dritte Mann" als Hauptstadt der Spione. Nun steht die Donaumetropole im Mittelpunkt eines Geheimdienst-Krimis zwischen Tschechien und Russland.

Denn jene beiden Militär-Offiziere, die sieben Jahre nach der Explosion einer tschechischen Munitionsfabrik mit zwei Todesopfern jetzt von den Behörden gesucht werden, sollen damals nur Stunden nach dem Attentat vom Schwechater Flughafen aus in ihrer Heimat untergetaucht sein. Wohl mit dem Wissen der russischen Botschaft.

Im kalten Krieg rund um die Affäre verweist Tschechien 18 russische Diplomaten des Landes. Die beiden mutmaßlichen Moskauer Auslands-Spione sollen zudem für den spektakulären Giftanschlag in Großbritannien auf Sergej Skripal, ein Überläufer aus den eigenen Reihen, verantwortlich sein.

Sonntagsmagazin feiert 30. Jubiläum

Momente, Menschen, Meilensteine. Österreichs mit Abstand größtes Sonntagsmagazin, die „Krone bunt", feiert sein 30-jähriges Bestehen. Als alle anderen Tageszeitungen noch in Schwarz-Weiß erschienen, druckten wir schon mit Farbfotos. Seit 1991 beginnt der Sonntag bei mehr als 2,5 Millionen Lesern mit Kaffee, Kipferl – und eben der „Krone bunt" auf dem Frühstückstisch. Wie Herausgeber Dr. Christoph Dichand treffend in seinem Vorwort zur Jubiläumsausgabe schreibt, „zieht sich die bunte Vielfalt Sonntag für Sonntag in spannenden Reportagen, Porträts und Kolumnen der besten Journalisten durch das auflagenstärkste Magazin des Landes". Heute, in politisch unruhigen Zeiten und inmitten der Herausforderungen durch die größte gesundheitliche sowie wirtschaftliche Krise seit dem Zweiten Weltkrieg im Land, ist die von Edda Graf geleitete „Beilage" eine Art Leuchtturm in der sich immer schneller drehenden Welt der Nachrichten. Amüsant auch die Plaudereien mit Österreichs Prominenten von Klaus Albrecht Schröder bis zu DJ Ötzi. Sie schätzen unsere „Krone bunt", weil sie zutiefst österreichisch ist und doch über das Land hinaus blickt.

Wer folgt Merkel nach? Vor der Bundestagswahl in Deutschland Ende September steigt die Spannung bei unseren Nachbarn. Um das politische Erbe der großen Kanzlerin rittern einerseits Armin Laschet, Vorsitzender der CDU (links) und Annalena Baerbock von den Grünen. Der 60-jährige Ministerpräsident von Nordrhein-Westfalen setzt sich bei den Christdemokraten erst nach einem harten innerparteilichen Duell mit dem bayerischen Löwen und Chef der kleinen Schwesterpartei CSU, Markus Söder, durch.

› Preis-Verleihung an mehreren Orten › Mehr Diversität

Die neue Oscar-Normalität

Mehr Diversität nach Kritik, aber die große Show fehlt: So sieht die neue Oscar-Normalität heuer bei der Gala ohne Höhepunkte aus. Die Pandemie sorgt jedenfalls für eine Premiere – denn die Verleihung der Trophäen findet, neben der Hauptbühne im Bahnhof Union Station in Los Angeles, an mehreren Orten statt.

Großer Sieger ist „Nomadland" der chinesischen Regisseurin Chloé Zhao mit drei Oscars als bester Film, für die beste Regie und die beste Nebendarstellerin. Freuen darf sich auch ein Alt-Star: Der wunderbare Anthony Hopkins bekommt die Gold-Statue für seine Rolle in „The Father".

Auch die Roben der Stars sorgen für Gesprächsstoff. Für „Krone"-Styleexpertin Sasa Schwarzjirg ist etwa das rote Armani-Kleid von Amanda Seyfried top, dafür Reese Witherspoon flop.

Den Eisbären schmilzt durch die steigende Erderwärmung das Eis immer schneller weg

Rekordtemperaturen in der Antarktis ▸ Zeit läuft davon

Keine Corona-Atempause für das weltweite Klima

Die gute Nachricht: Corona hat den Ausstoß der Treibhausgase kurzfristig verlangsamt. Die schlechte Nachricht: Das hilft dem Klima auf unserem Planeten aber nicht – denn auch 2020 war laut Weltwetterorganisation eines der drei wärmsten je registrierten Jahre. Selbst in der Arktis gab es einen Temperatur-Rekord.

Mit mehr als 20 Grad „schwitzt" der Südpol. Dort wird der Klimawandel auch besonders deutlich. Das ewige Eis zieht sich schneller als je zuvor seit Beginn der Aufzeichnungen zurück. Mittlerweile ist es nur mehr halb so dick wie vor annähernd 130 Jahren.

Klima-Wissenschafter sind alarmiert. Setzt sich der Emissionstrend jedenfalls fort, könne die CO_2-Konzentration heuer im globalen Durchschnitt auf den Rekord von 414 ppm (parts per million/Teile pro Million) steigen. Die weltweite Durchschnittstemperatur lag 2020 übrigens schon etwa 1,2 Grad über dem vorindustriellen Niveau. Und unser Planet erhitzt sich immer schneller . . .

Oscar-Gewinner Anthony Hopkins. Der rote Teppich vor der Union Station als Hauptbühne in Los Angeles (li.).

Chefwechsel beim heimischen Öl- und Gaskonzern OMV. Vorstandsvorsitzender Rainer Seele, ein gebürtiger Deutscher, wird seinen im Juni 2022 auslaufenden Vertrag nicht verlängern. Ihm folgt mit Alfred Stern ein Steirer an der Spitze des Unternehmens nach.

Caritas-Präsident Michael Landau begrüßt den von der Regierung angekündigten Comebackplan, betont aber auch: „Wir wünschen uns die gleiche Entschiedenheit und Priorität für einen „sozialen Comebackplan". Die Sanierung der Corona-Krise dürfe nicht auf dem Rücken der Schwächsten passieren.

Totales Desaster! Die geplante Super-League, eine Revolution aus mehreren europäischen Top-Klubs wie etwa Juventus, Real, Barcelona, Manchester City oder Liverpool dauert nur 48 Stunden. Für die beteiligten Vereine setzt es Millionen-Strafen von der UEFA.

Mit 180 km/h als Tempolimit bei Neuwagen ab 2022 will der französische Fahrzeugbauer Renault – nach Vorbild des schwedischen Autoherstellers Volvo – die Zahl der Unfälle senken. Auch Dacia ist mit dabei.

Fahndungserfolg 197 Tage nach einer schockierenden Bluttat in Wien für das Landeskriminalamt. In Ungarn klicken für einen der beiden mutmaßlichen Mörder des bei Sport-Promis bekannten Juweliers „Bertl" die Handschellen. Bei dem Verdächtigen handelt es sich um einen 20-jährigen Serben. Nach dessen Komplizen, ein Landsmann (22), wird noch gefahndet.

Horror-Tat im deutschen Potsdam. In einem dortigen Wohnheim für Menschen mit Behinderungen soll eine Pflegehelferin vier Bewohner – zwei Männer und zwei Frauen – mit einem Messer erstochen haben.

Bild des Monats

Aufg'sperrt is! Mit einer Schweizerhaus-Runde in Österreichs bekanntestem Gastgarten feiert die Regierung den Öffnungsreigen nach Corona.

TOP-THEMEN IM MAI

- Raktenhagel im Nahen Osten zwischen Hamas und Israel
- Frauenmord-Serie: Schlagerstar trauert um Tante und Cousine
- Seilbahn-Unglück schockt Italien 14 Todesopfer– nur Kind überlebt
- Corona-Leugner planen einen Terror-Krieg gegen die Polizei

Nach fast 200 Tagen Lockdown endlich wirtschaftliches Comeback · Lebensfreude

Gastro und Kultur: So sperrt das

Die Sonne lacht ebenso wie die Lebensfreude aus vielen Gesichtern: Nach fast 200 Tagen Lockdown sperrt Österreich wieder auf. Gastronomie, Hotels, Schwimmbäder, Kultur Sport & Co. feiern nach langem Stillstand endlich ein Comeback. Zum Öffnungszeitpunkt hat mehr als ein Drittel der Bevölkerung zumindest schon die erste Impfung.

Das erste Freuden-Tänzchen in der Tanzschule.

Neben dem obligatorischen Geimpft, Getestet und Genesen steht die 3-G-Regel ab sofort wieder für Geselligkeit, Genuss und Glücksgefühle. Endlich herrscht von früh bis spät wieder so etwas wie Normalität.

Während die Regierungsspitze von Türkis-Grün den großen Eröffnungstag im Land (bei einzelnen wenigen Buhrufen) im Schweizerhaus im Wiener Prater feiert, freuen sich neben Gastronomen, Hoteliers und Kulturtreibenden auch Freizeiteinrichtungen wie Schwimmbäder, Fitnesstudios. Kinos oder Thermen über die ersten Gäste nach langer Zeit. Ein großes Problem ist für die Übernachtungs-Wirtschaft ebenso wie für Wirte allerdings der große Personalmangel, besonders im Service- und Küchenbereich. Viele haben während der Corona-Pandemie Umschulungen gemacht bzw. den Beruf gewechselt.

Trotzdem kommt es auf dem heimischen Arbeitsmarkt durch die großen Öffnungsschritte zu einer merkbaren Entspannung.

Gates und Kardashian: Das Jahr der teuren Trennungen

Nach „Amazon-Pensionist" Jeff Bezos lässt sich der nächste Superreiche scheiden. Microsoft-Gründer Bill Gates (65) – sein Vermögen wird auf 90 Milliarden Dollar geschätzt – und Ehefrau Melinda (56) geben ihre Trennung bekannt. Das Paar hat zwei Töchter und einen Sohn. Schon bald kommen böse Gerüchte über den eigentlichen Scheidungsgrund auf. Die Ehe sei schon seit Jahren zerrüttet gewesen, Bill Gates werden Treffen mit Jeffrey Epstein, der einen Ring zur sexuellen Ausbeutung von Minderjährigen geleitet haben soll, nachgesagt. Indes sorgt auch eine zweite gescheiterte Promi-Ehe für Schlagzeilen. Kim Kardashian trennt sich von Rapper Kanye West.

kehrt wieder zurück

Land auf

⊙ Im Fitnessstudio wird wieder geschwitzt – und Vorhang auf für das große Sommernachtskonzert im Prachtgarten von Schönbrunn. ⊙

Dschihadist wieder frei

Justizskandal um Terror-Anklage

Monatelang liegt die Anklage um einen brandgefährlichen Dschihadisten beim Obersten Gerichtshof in Wien. Weil dadurch eine relevante Frist nicht eingehalten werden kann, wird der 32-jährige Tschetschene (er soll in Syrien Gefangene geköpft haben) aus der U-Haft entlassen. Und läuft somit bis zu seiner Gerichtsverhandlungen wochenlang frei herum – der Staatsschutz ist alarmiert. Beim Prozess wird er schließlich zu mehreren Jahren Gefängnis verurteilt.

Unfall-Schaulustige:

Schockprojekt gegen Gaffer

Neues Schock-Pilotprojekt der deutschen Johanniter gegen die immer mehr zum Problem für Einsatzkräfte auch in Österreich werdenden Unfall-Schaulustigen.
„Stopp! Gaffen tötet!" - diese Botschaft erhalten Unverbesserliche, wenn sie die Helfer vor Ort fotografieren. Möglich macht es ein QR-Code, der auf neun Rettungswagen und auf der Ausrüstung der Johanniter klebt. Wer sein Handy auf das Fahrzeug hält, erhält automatisch den Warnhinweis.

Spannungen zwischen Palästinenser und Israelis eskalieren:

Raketen-Krieg im Nahen Osten fordert wieder viele zivile Opfer

Die Spannungen zwischen Israelis und Palästinensern rund um die Zwangsräumung von Häusern arabischer Familien samt folgender Absperrung des religiös so bedeutenden Tempelberges in Jerusalem führen im Nahen Osten zu einem Flächenbrand. Ein tagelanger Raketenkrieg fordert wieder Dutzende zivile Opfer.

Angriff und Vergeltung – die beiden fixen Größen der sich seit Jahrzehnten drehenden Spirale der Gewalt im Nahen Osten. Während Terroristen der Hamas aus dem dicht bewohnten Gazastreifen israelische Wohngebiete in Dörfern oder Städten bis nach Tel Aviv mit einem Raketenhagel beschießen, antwortet das israelische Militär umgehend mit schwerem Artilleriefeuer und der Luftwaffe des Landes. Das Militär vermeldet auch rund 100 Kilometer eines verzweigten Terror-Tunnelsystems zerstört zu haben.

Binnen einer Woche werden 3100 Geschoße auf den verhassten Nachbarn Israel abgefeuert. Zum Vergleich: Beim Gaza-Krieg im Jahr 2014, der 51 Tage dauerte, waren es 4500 Raketen der radikalislamischen Hamas.

Bis es nach der Vermittlung von Ägypten endlich zu einem Waffenstillstand kommt, gibt es mehr als 200 Tote im Gazastreifen und zehn zivile Opfer auf Seiten Israels zu beklagen.

Der schwelende Nahost-Konflikt bleibt freilich weiterhin ungelöst . . .

Beschuss aus Gaza und Raketen des Schutzschildes „Iron Dome".

Austro-Investor Sigi Wolf übernimmt das MAN-Werk in Steyr (OÖ). Nachdem ein erstes Angebot von der Belegschaft abgelehnt wurde, klappt es für den 63-jährigen Top-Manager im zweiten Anlauf. Damit ist das Lkw-Werk gerettet, allerdings wird ein Drittel der bisher 1850 Mitarbeiter abgebaut – hinzu kommen schmerzhafte Gehaltskürzungen. Die bisherigen deutschen Eigentümer wollten den Standort in Österreich trotz voller Auftragsbücher schließen und in den Osten verlagern.

Vorwürfe gegen Emanuel von und zu Liechtenstein:

Steirischer Prinz erlegt Bär in rumänischem Nationalpark

Mit schweren Wilderer-Vorwürfen sieht sich Emanuel von und zu Liechtenstein, Betreiber der bekannten Riegersburg in der Steiermark, konfrontiert: Der adelige Arzt soll ausgerechnet in einer „Natura 2000"-Region in den Karpaten statt eines zum Abschuss freigegebenen Problemtieres mit „Arthur" den größten Braunbären Mitteleuropas – ein 17 Jahre altes geschütztes Tier und so etwas wie der Nationalstolz vieler Rumänen – abgeschossen haben. Der Prinz verteidigt sich: „Ich habe natürlich genau den Bären erlegt, den der Jagdführer als das Problemtier identifiziert hat."

Braunbär „Arthur" ist tot, der Prinz unter Verdacht.

Im schmutzigen Krieg im Nahen Osten sind auch Kinder Opfer.

Mann schon wegen Sexismus-Eklat um Grüne Klubchefin Maurer in den Schlagzeilen:

„Bierwirt“ unter Mordverdacht

Drei getötete Frauen in einer Woche! Erneut Schock und Fassungslosigkeit im Land: Der nach sexistische Postings gegen Grün-Spitzenpolitikerin Maurer berüchtigte „Bierwirt“ erschießt seine Freundin – und Schlager-Star Stefan Mross trauert um Tante und Cousine.

Feier-Bild aus vermeintlich glücklichen Tagen: Der „Bierwirt“ mit seiner Freundin und den beiden gemeinsamen Kindern.

Mross mit seiner Mutter, die um ihre Schwester trauert.

Der offenbar tiefverwurzelte Frauenhass des Wiener Gastronomen entlädt sich nach der Trennung. Als die 35-jährige Krankenschwester und zweifache Mutter Marija M. nach vielen Gewaltvorfällen in der Beziehung endgültig einen Schlussstrich zieht, ist das ihr Todesurteil.

Der Ex-Freund erschießt die junge Frau mit einer Pistole im Eingangsbereich der Wohnung. Mit der Tatwaffe und einer Wodka-Flasche in der Hand wird der Mordverdächtige – er hat drei Promille – im Innenhof des Gemeindebaus auf einer Parkbank nur in Unterhose liegend verhaftet. Auch Grünen-Klubchefin Sigi Maurer zeigt sich schockiert. Sie spricht von einer „gesellschaftlichen und politischen Verantwortung die gefährlichen Männlichkeitsbilder“ zu brechen.

Nur wenige Tage später sorgt die nächste Bluttat an zwei Frauen in Österreich für Schock und Fassungslosigkeit. Ein verschmähter Stalker richtet in Wals bei Salzburg eine 76-Jährige und ihre Tochter (50) mit Kopfschüssen hin. Um die Opfer des Doppelmordes trauert auch der bekannte deutsche Schlager-Star Stefan Mross. Die getöteten Frauen sind seine Tante und die Cousine.

Seilbahn-Absturz am Lago Maggiore (Italien) 14 Menschen kommen ums Leben

Gondeldrama: Bub verliert ganze

Beim Absturz dieser Gondel kommt das israelische Ehepaar Amit Biran (30) und Tal Beleg (27) sowie ihr zweijähriger Sohn Tom ums Leben. Nur ihr Sohn Eitan (5) – am Foto gepixelt – überlebt die Tragödie. Auch seine Urgroßeltern sterben bei der Seilbahn-Tragödie.

Ein Seilbahndrama am italienischen Lago Maggiore macht einen Fünfjährigen zum Vollwaisen. Bei der Fahrt auf den 1491 Meter hohen Monte Mottarone war ein Zugseil gerissen. Weil die Notbremse nicht funktioniert, rast eine Gondel auf einen Pfeiler zu – beim Absturz sterben 14 Menschen.

Da eine Videokamera auf dem Dach der Bergstation eingeschaltet ist, wird das grauenhafte Unglück mitgefilmt. Die unter Verschluss gehaltene Filmsequenz ist laut einem Insider, der die schrecklichen Szenen gesehen hat, „unerträglich perfekt“: Bei Sonnenschein fährt die Gondel nach oben. Alle 15 Passagiere bereiten sich gerade auf das Aussteigen vor, als das Drama seinen Lauf nimmt!

Drei Meter vor der Bergstation reißt das Förderseil. Die Kabine wechselt die Richtung und rast mit 120 km/h auf den nächsten Pfeiler zu. Nach 400 Metern Höllenfahrt springt die Gondel aus dem Tragseil, hebt 25 Meter über dem Boden ab – und verschwindet schließlich lautlos aus dem Blickfeld der Kamera.

Was man auf dem Video nicht sieht: Die Kabine prallt auf dem Boden

Präsident mahnt zu Respekt und Anstand

Nachdem Tourismusministerin Elisabeth Köstinger den U-Ausschuss eine „politische Lömingerbühne“ genannt hatte und sich weitere Politiker bei diversen Debatten im Ton vergriffen hatten, hält Bundespräsident Alexander Van der Bellen eine mahnende Ansprache. Er mahnt zu mehr Höflichkeit, Respekt und Anstand.

Lukaschenkos Flieger landen trotz Verbots

Da Belarus-Diktator Alexander Lukaschenko ein Flugzeug entführen hatte lassen, um den Journalisten Roman Protassewitsch zu verhaften, spricht die EU ein Start- und Landeverbot für belarussische Maschinen aus. Doch die rechtliche Umsetzung dauert. So landen Lukaschenkos Flieger weiterhin in der EU, auch in Wien.

Schon bei Demonstrationen der Corona-Leugner kam es immer wieder zu gewalttätigen Angriffen auf die Polizei. Im Arsenal der Untergrundarmee fanden sich Langwaffen und Samurai-Schwerter.

Ich verurteile die Gewaltbereitschaft gegenüber Polizistinnen und Polizisten auf das Schärfste. Für radikale Corona-Leugner gilt: volle Härte des Rechtsstaats.

ÖVP-Innenminister Karl Nehammer zum Schlag gegen die radikale rechte Szene.

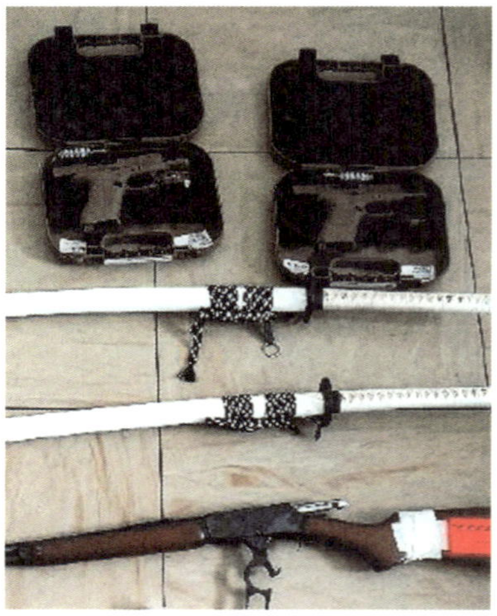

Bremse manipuliert

Familie

auf, rutscht 300 Meter den Hang hinab und überschlägt sich mehrmals.

Zehn der 15 Insassen werden hinausgeschleudert. Dann kracht die Gondel gegen Bäume und bleibt zerstört liegen. Nur der fünfjährige Eitan überlebt. Er wird verletzt ins Spital eingeliefert.

Drei Tage später kommt die erschütternde Unfallursache ans Tageslicht: Die Notbremse war absichtlich abgestellt, da sie den Betrieb störte. Drei Mitarbeiter der Seilbahngesellschaft werden verhaftet. Ein Rechtsstreit entbrennt. Es gilt zu klären, wer die Manipulation angeordnet hat.

Geschockte Retter bei der Todesgondel Nr. 3, die im Höllentempo gegen mehrere Bäume prallte.

Geheimdienst sprengt Untergrundarmee

„Corona-Miliz“ plante Krieg gegen Polizei!

Eine bewaffnete Untergrund-Miliz von Corona-Leugnern plante mitten in Österreich offenbar einen Krieg gegen die Polizei! Mit Splitterbomben, Molotowcocktails und Schusswaffen. Die Demo-Verschwörer verabredeten sich auf dem Internet-Kanal Telegram. Bei Razzien wurden Waffen und Munition sichergestellt.

Der ungeheure Verdacht wird bei einer Großaktion unter Leitung des Bundesamtes für Verfassungsschutz und Terrorismusbekämpfung (BVT) in Wien, Nieder- und Oberösterreich, der Steiermark und in Vorarlberg erhärtet.

Denn bei sieben Hausdurchsuchungen werden bei ebenso vielen Verdächtigen diverse Waffen, 3500 Stück Munition sowie paramilitärische Ausrüstung wie Schutzwesten, Helme oder Funkgeräte sichergestellt.

Die Staatsanwaltschaft Ried (OÖ) ermittelt wegen Verdacht des verbrecherischen Komplotts. Der Plan der Untergrundverschwörer: Krieg auf die Straße tragen!

Über ihren verschlüsselten Nachrichtendienst, den die Kriminalisten allerdings knackten, unterhalten sich die Männer über Angriffe auf Polizisten bei Demos gegen die Covid-Maßnahmen der Regierung. Sogar der Einsatz von Molotowcocktails und Splitterbomben war geplant.

Boris Johnsons dritter Versuch! Aller guten Dinge sind drei. So lautet offenbar das „Heiratsmotto“ von Briten-Premier Boris Johnson. Denn nach zwei gescheiterten Ehen führt „Mister Brexit“ die um 23 Jahre jüngere Anwältin Carrie Symonds vor den Altar. Allerdings findet die Zeremonie in der Westminster-Kathedrale geheim statt. Sie wird erst am Tag danach bekannt gegeben.

Katastrophaler Fehler in Freistadt (OÖ) Fataler Irrtum zwei Nächte unentdeckt

Ärztin amputiert das falsche Bein

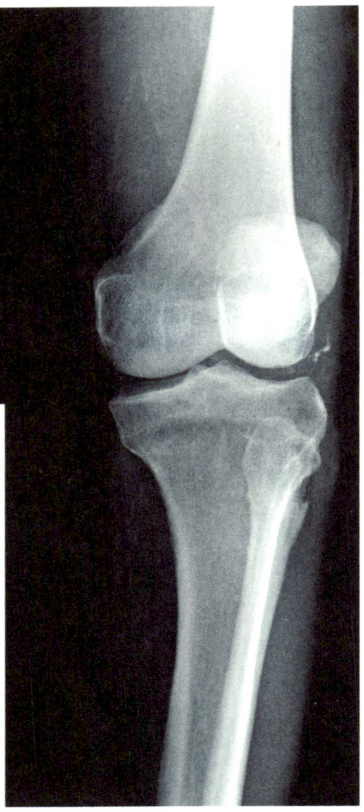

Schwerer Behandlungsfehler bei einem Patienten im Spital Freistadt (OÖ). Eine Chirurgin führt eine Amputation ohne zweite Kontrolle durch. Es kommt zum fatalen Irrtum, der zwei Nächte unentdeckt geblieben war: Dem Mann wurde das rechte statt das linke Bein abgetrennt.

Beide Beine wird ein Mühlviertler verlieren, weil das Vier-Augen-Prinzip von Ärzten ignoriert worden ist. Dem Diabetiker hätte das linke Bein amputiert werden sollen. Die Operation gelang zwar – doch erst zwei Nächte später kam man beim Verbandwechseln drauf, dass ja das falsche, das rechte Bein fehlte!

Norbert Fritsch, ärztlicher Leiter des Klinikums Freistadt. Er entschuldigt sich öffentlich für den fatalen Fehler.

„Ein Behandlungsfehler und menschliches Versagen", diagnostizierte der ärztliche Leiter des Klinikums, Norbert Fritsch. Er entschuldigt sich öffentlich beim 82-jährigen Patienten.

Beim Markieren vor der Operation passierte einer Ärztin der fatale Fehler. Obwohl in den Akten vom linken Bein die Rede war, markierte sie das rechte. „Der Medizinerin drohen bis zu zwei Jahre Haft", so Redakteur Markus Schütz.

Dem Patienten wurde mittlerweile auch das zweite Bein amputiert.

Carabiniere vereiteln Schmuggel

Kunstkrimi um Geigen im Millionenwert

Endstation Tarvis! Italienische Beamte stoppen kurz vor Kärnten drei Kastenwagen. An Bord: 150 antike Streichinstrumente (davon 95 Geigen) des verstorbenen kubanischen Musik-Genies José Vazquez im Millionenwert. Der Bruder des Corona-Opfers wollte den Kunstschatz illegal nach Österreich schmuggeln. „Für Vazquez' Bruder und seine Frau, beide US-Bürger setzte es eine Anzeige auf freiem Fuß", so Redakteur Matthias Lassnig.

Ein Carabinieri präsentiert stolz ein sichergestelltes wertvolles Instrument.

Gery Keszlers Charity-Comeback macht den „Austria for Life"-Abend zum Erfolg und öffnet die Herzen vieler Österreicher. Initiator Keszler – im Bild mit „Krone"-Geschäftsführer Gerhard Valeskini – konnte 601.715 Euro an sechs Organisationen übergeben, die jenen Menschen helfen wollen, die wegen der Corona-Krise in Schwierigkeiten geraten sind.

Gottschalk und die Goldene Note

Neun Nachwuchstalente aus dem Klassikbereich rittern in einer ORF-Show um die „Goldene Note". Ein Musikbewerb, den Leona König (Foto) begründet hat. Neben einer prominent besetzten Jury, die zum Teil auch mit den jungen Musikern auf der Bühne stehen, wird auch für die Moderation ein großer Name gefunden. Nach elf Jahren ORF-Pause kehrt Thomas Gottschalk, legendärer „Mr. Wetten, dass..?" zurück.

Greenpeace-Europachef Alexander Egit nach Urteilsverkündung:

„Das Klima-Urteil gegen Shell ist ein historischer Öko-Sieg!"

Zum ersten Mal wird mit dem Ölkonzern Shell ein privates Unternehmen dazu verurteilt, die Pariser Klimaziele einzuhalten. Es ist in historisches Gerichtsurteil, das das Bezirksgericht Den Haag (Niederlande) gegen den Konzern gesprochen hat. Für Umweltschützer „ein großer Sieg für den Klimaschutz".

Denn Shell mus laut Bezirksgericht Den Haag den Ausstoß von Kohlendioxid bis 2030 um netto 45 Prozent im Vergleich zu 2019 senken. Umweltorganisationen und 17.000 Bürger hatten den Konzern verklagt, weil er in die Förderung von Öl und Gas investiere. Zumal Shell für den Ausstoß von jährlich 1,6 Milliarden Tonnen Kohlendioxid verantwortlich und damit einer der größten Verschmutzer sei.

„Shell wurde vor Gericht klar gemacht, dass der Schutz von Umwelt- und damit Menschenrechten über den Interessen des milliardenschweren Konzerns liegen muss", so die Analyse des Greenpeace-Chefs Alexander Egit.

Öl, das übers Gesicht läuft, als Symbol für schmutzige Energie.

Österreichs Polizisten sollen verstärkt auf Antisemitismus sensibilisiert werden. Für den Start erarbeitet Bildungsexperte Daniel Landau ein spezielles Programm. Es gehe um ein „Rüstzeug", um den Antisemitismus rechtzeitig zu erkennen", so Innenminister Karl Nehammer.

Tarzan-Darsteller William Joseph Lara (58) und seine Frau, die Autorin Gwen Shamlin Lara, kommen beim Absturz einer Cessna in Tennessee (USA) ums Leben.

Morddrohungen bekommt Professor Ednan Aslan, nachdem er mit der türkisen Integrationsministerin Susanne Raab eine „Islam-Landkarte" präsentiert hatte. Der Hintergrund: Viele Muslime fühlen sich durch die Veröffentlichung von Adressen stigmatisiert und in ihrer Sicherheit bedroht.

Keine Bewährung für Bill Cosby. Der wegen sexueller Nötigung verurteilte US-Schauspieler kommt nicht auf Bewährung frei. Vor allem deshalb, weil der 83-Jährige nicht an Therapiesitzungen für Sexualstraftäter teilgenommen hat.

Die Wintersaison wurde von Corona faktisch ausradiert: Die Zahl der Nächtigungen brach vom November des Vorjahrs bis Anfang Mai um 90,7% auf nur noch 5,7 Millionen ein und war somit fast ein „Totalausfall".

Abubakar Shekau, Boss der radikalislamistischen Terrorgruppe Boko Haram, jagt sich selbst in die Luft, um seiner Gefangennahme zu entgehen. Eine rivalisierende Bande hatte ihn in den Sambisa Sümpfen (Nigeria) in die Enge getrieben.

Ex-Außenministerin Ursula Plassnik (65) geht in Pension. Ihr größter Prestige-Erfolg war 2008 die persönliche Heimholung der monatelang gefangenen „Sahara-Geiseln" aus Mali.

TOP-THEMEN IM JUNI

- Globaler Schlag gegen Mafia: 800 Festnahmen in 16 Ländern!
- Leonies Vergewaltigungstod erschüttert ganz Österreich
- Container-Schiff verseucht Sri Lankas Küste mit Chemikalien
- Kriegsverbrechertribunal: Lebenslang für Balkanschlächter
- Gipfeltreffen Putin & Biden: Entspannungsversuche angesagt

Bild des Monats

FPÖ-Chef Norbert Hofer gibt auf! Er zieht die Konsequenzen aus dem langen Streit mit Herbert Kickl und tritt als Parteichef ab. Das vertraute Bild zweier guter Parteifreunde gehört der Vergangenheit an . . .

Blauer Paukenschlag · Parteichef Hofer tritt zurück · 88% der Delegierten für Kickl

FPÖ-Chef Hofer haut den Hut

Hofer: Abschied als Parteichef, bleibt 3. Nationalratspräsident

Nach Wochen der offenen Auseinandersetzung mit FPÖ-Scharfmacher Herbert Kickl hat Freiheitlichen-Chef Norbert Hofer genug: Er zieht sich nach zwei von blauen Wahlschlappen geprägten Jahren als Parteichef wieder zurück. – Knapp drei Wochen später wird Kickl bei einem außerordentlichen Parteitag mit 88,2% der Stimmen zum neuen Parteiobmann der Blauen gewählt!

Während seines dreiwöchigen Reha-Aufenthaltes in Baden (NÖ) kommt Hofer zum Schluss, seine Funktion als Bundesobmann zurückzulegen. „Es war eine schwierige Aufgabe, die Partei nach dem plötzlichen Ende der erfolgreichen schwarz-blauen Koalition

Wir haben keine zerstrittenen Lager innerhalb der Partei. Sonst hätte auch nicht so schnell ein neuer Chef einstimmig designiert werden können. Der Parteitag wird ein Startschuss für eine neue Aufwärtsbewegung.

FPÖ-Generalsekretär Michael Schnedlitz: „Glasklare Linie unter Kickl!"

Versagen gegen Pandemie:

Mehrheit sieht EU als „gescheitert"

Das Versagen im Kampf gegen die Corona-Pandemie hat dem Ansehen der Europäischen Union massiv geschadet. Laut Umfrage halten mittlerweile 51% der Österreicher das europäische Projekt für „gescheitert". Wobei diese Werte in Frankreich (62%), Italien (57%) oder Deutschland (55%) sogar noch höher liegen. Trotz der großen Unzufriedenheit sehen aber viele Europäer weiterhin einen Wert in der EU-Mitgliedschaft ihres Landes. In den zwölf befragten Mitgliedstaaten ist eine Mehrheit für eine einheitliche Vorgangsweise bei globalen Bedrohungen – bei uns teilen 60% diese Ansicht.

„Pfiat di Propeller". Über 40 Jahre hinweg prägte der Maschinentyp Dash zunächst das Kurzstreckennetz der Tyrolean Airways, später auch der AUA. Nun wurde das Propeller-Flugzeug ausgemustert. Die Strecken übernehmen ab sofort die weit größeren und wirtschaftlicheren Flieger des brasilianischen Herstellers Embraer.

als neuen Obmann

drauf!

wieder aufzubauen. Meine eigene Reise an der Spitze der FPÖ ist aber mit dem heutigen Tag zu Ende“, das erklärt Hofer am 1. Juni.

Ganz weg ist der Mann, der stets als „freundliches Gesicht der Freiheitlichen“ galt, übrigens noch nicht: Hofer wird dritter Nationalratspräsident bleiben.

Bereits am 19. Juni ist die Nachfolgefrage geklärt. Herbert Kickl, den die Nachricht von Hofers Rücktritt kurioserweise bei einer Wanderung auf der Rax ereilte, wird bei einem Sonderparteitag in Wiener Neustadt von 88,2 Prozent der Delegierten zum neuen FPÖ-Chef gewählt.

Dort erneuert der 52-Jährige erwartungsgemäß seine scharfe Kritik am ehemaligen Koalitionspartner ÖVP und deren Klubobmann, Kanzler Sebastian Kurz.

Eine Operndiva kocht uns ein. Wer Anna Netrebko kennt, weiß, dass sie nicht nur auf der Bühne eine Virtuosin, sondern auch eine echte Herdkünstlerin ist. Auf ihren sozialen Kanälen gibt sie Einblick in ihre Küche und zeigt traditionelle russische Gerichte mit Geschichte. Nachzulesen zum Nachkochen im Buch „Der Geschmack meines Lebens“.

Ex-General Ratko Mladić (78), verantwortlich für Zehntausende Tote, zeigt keine Reue

Lebenslang für Balkanschlächter

26 Jahre nach dem Völkermord von Srebrenica, bei dem 1995 im Bosnienkrieg 8000 Männer und Burschen ermordet wurden, wird vom Kriegsverbrechertribunal in Den Haag das endgültige Urteil gefällt: Lebenslange Haft für Ratko Mladić!

Der Ex-General wird wegen des Völkermordes von Srebrenica, der Belagerung von Sarajewo mit mehr als 10.000 Todesopfern sowie Morden und Vertreibungen, um das Ziel eines „ethnisch reinen serbischen Staates“ zu erreichen, verurteilt.

Die Frauen von Srebrenica weinen bis heute um ihre Männer. Mladić vor Gericht und als General

Der heute 78-jährige Mladić war erst 2011, also 16 Jahre nach Ende des Krieges, gefasst und dem Tribunal übergeben worden.

„Mladić gab sich vor Gericht als befehlstreuer Offizier, bei dem der Zweck die Mittel heiligte“, so Chefankläger Serge Brammertz. Daran hat sich auch durch den Strafprozess nichts geändert. Der Ex-General zeigte zu keinem Zeitpunkt Reue.

Bedenklich: Nur eine Woche vor Prozessbeginn erklärte Bosniens Staatsoberhaupt Milorad Dodik: „Das ist alles eine Lüge!“ Der Mord an 8000 Männern in Srebrenica sei nie geschehen.

Ein ratloser Fischer mit Mundschutz und Angel inmitten des toxischen Strandgutes.

Salpetersäure beginnt an Bord zu brennen

Schiff verseucht

Tote Schildkröten, verbrannte Fische und Mikroplastikteilchen werden bereits an den Stränden Sri Lankas angeschwemmt, ehe das Chemikalien-Containerschiff „X-Press Pearl" vor dem Hafen der Hauptstadt Colombo ausbrennt und bei einem Rettungsversuch versinkt.

Die Odyssee des grotesker Weise auf den Namen „Express Perle" getauften Container-Schiffes gleicht einer Irrfahrt des Öko-Wahnsinns. Obwohl bereits am 11. Mai ein Tank-Container mit Salpetersäure undicht geworden war, darf das 200 Meter lange und mit 1.486 Chemiecontainern beladene Schiff weder in Katar noch

Qualmend versinkt das mit Tonnen an Chemikalien, Treibstoff und Mikroplastik beladene Schiff vor Sri Lankas Westküste im Meer.

Ministerin Tanner: „So wird Heer effektiver und ökonomischer."

Reform bringt Verschlankung militärischer Führungsstruktur

„Wir wollen eine zukunftsträchtige Struktur für das Bundesheer schaffen. Und zwar mit einer Reform der Zentralstelle und nicht der Truppe", so leitet Verteidigungsministerin Klaudia Tanner ihre Heeresreform ein.

Und dies sei erstmals eine Reform für die Truppe und keine Reform der Truppe, betont die ÖVP-Politikerin. Kern der Umstrukturierung ist eine Verschlankung der Führung und die Trennung von Verwaltung und militärischer Leitung. Aus bisher fünf Sektionen in der Zentralstelle werden künftig drei Direktionen. „Der Personalstand im Ministerium schrumpft und der Generalstabschef erhält eine Doppelfunktion. Somit ist er Teil des Ministeriums und gleichzeitig Generaldirektor für Landesverteidigung", so Heeres-Kommunikationschef Herbert Kullnig.

Für den amtierenden Generalstabschef Robert Brieger bedeutet die bevorstehende Strukturanpassung „den Versuch, eine relativ komplexe, kopflastige Organisation stärker an der Truppe zu orientieren."

Chemikalien-Container stürzen ins Meer

Sri Lankas Küste

in Indien anlegen. So geht die Irrfahrt weiter, bis am 20. Mai – nur zehn Seemeilen vor Sri Lankas Hauptstadt Colombo – auch noch Feuer unter Deck ausbricht. Um die Strände der Trauminsel zu retten, gehen Brandexperten an Bord. Doch heftiger Wind facht die Flammen weiter an und es kommt zu gewaltigen Explosionen.

Während des Versuchs, das Schiff in tiefere Gewässer zu ziehen, setzt der Chemiefrachter mit dem Heck auf dem nur 21 Meter tiefen Meeresgrund auf – voll beladen mit mehreren hundert Tonnen Öl und Hunderten brandgefährlichen Chemiecontainern: eine tickende Öko-Zeitbombe inmitten von Meeresperlen.

Mit seinem Triumph in Dänemark empfiehlt sich Bernd Wiesberger (Foto) bei Europas Ryder-Cup-Kapitän Padraig Harrington. Im Interview mit dem „Krone"-Golf-Experten Matthias Mödl meint der 35-jährige Burgenländer: „Ich wollte hier in erster Linie eine gute Woche haben und besser spielen. Das hat hervorragend funktioniert. Mein Name ist wieder im Gespräch."

Ministerin Tanner setzt nicht nur auf „mehr Frauenpower", sondern auch auf zukunftsfähige Strukturen.

Ex-Justizminister scheidet aus VfGH aus:

Höchstrichter zieht nach Chats die Konsequenzen

Wolfgang Brandstetter zieht sich als Verfassungsrichter zurück. Das gibt er einen Tag vor der Aussprache mit dem Verfassungsgerichtshof-Präsidenten Christoph Grabenwarter, auf Anfrage von Politikredakteur Erich Vogl, bekannt.

Nachrichtenaustausch mit dem suspendierten Strafrechtssektionschef Christian Pilnacek hatte den Druck erhöht. Ihm sei es als parteifreiem Justizminister immer besonders wichtig gewesen, die Justiz aus parteipolitischen Diskussionen herauszuhalten, so Brandstetter.

Und im „Krone"-Interview mit Conny Bischofberger betont der Ex-Minister: „Natürlich tut das Karrierenende weh. Aber in einer solchen Situation kann man nur versuchen, das Richtige zu tun. Das habe ich wohl getan."

Brandstetter (63) legt Amt zurück

Ein g'standener Tiroler Bergbauer bei der Wiesenmahd mit Sense

Öko-Statistik am Ehrentag der Landwirte

Ein Bauer ernährt 160 Österreicher!

Exakt 126.018 land- und forstwirtschaftliche Betriebe gibt es bei uns. Und mehr als ein Drittel aller heimischen Höfe wird von Frauen geführt. Erfreuliche Öko-Bilanz unserer Bauern: Im Tierwohl-Ranking der internationalen NGO „World Animal Protection" liegen die Landwirte unter 50 Ländern gar auf Platz eins.

„Unsere Bäuerinnen und Bauern produzieren unter Einhaltung höchster Standards Lebensmittel bester Qualität", versichert Landwirtschaftsministerin Elisabeth Köstinger (ÖVP).

Sie appelliert dabei einmal mehr an die Konsumenten, doch zu rot-weiß-roten Produkten zu greifen. Denn der regionale Kauf stärke die heimischen Familienbetriebe und schütze die Umwelt durch weit kürzere Transportwege.

„Ein Bauer ernährt durch seine Stall- und Feldarbeit 160 Menschen. Und mit einer Biofläche von etwas über 26 Prozent ist Österreich Öko-Weltmeister", so bringt „Krone"-Umweltredakteur Mark Perry die Fakten auf den Punkt.

Damit erinnert er am ersten Juni – dem global gefeierten Weltbauerntag – eindringlich an den enormen volkswirtschaftlichen Beitrag, den unsere Landwirte mit ihrer Arbeit leisten.

China erlaubt sogar drittes Kind

Die chinesische Staatsführung erlaubt verheirateten Paaren erstmals bis zu drei Kinder. Das klingt kurios, ist aber bemerkenswert. Denn bislang herrschte wegen des starken Bevölkerungswachstums eine strenge Geburtenpolitik: Bis 1979 galt sogar eine Ein-Kind-Politik. Wegen einer drohender Überalterung setzt man nun auf optimierte Geburtenpolitik.

Ex-Polizist als 18-facher Mörder

In El Salvador sorgt ein Ex-Polizist wegen besonders skrupelloser Gewaltverbrechen für Fassungslosigkeit: Denn Hugo Osorio Chávez dürfte 18 Menschen ermordet haben. Der 51-Jährige, der jahrzehntelang als Polizist arbeitete, lockte seine Opfer mit dem Versprechen in die Falle, er können ihnen Jobs besorgen oder sie in die USA schmuggeln.

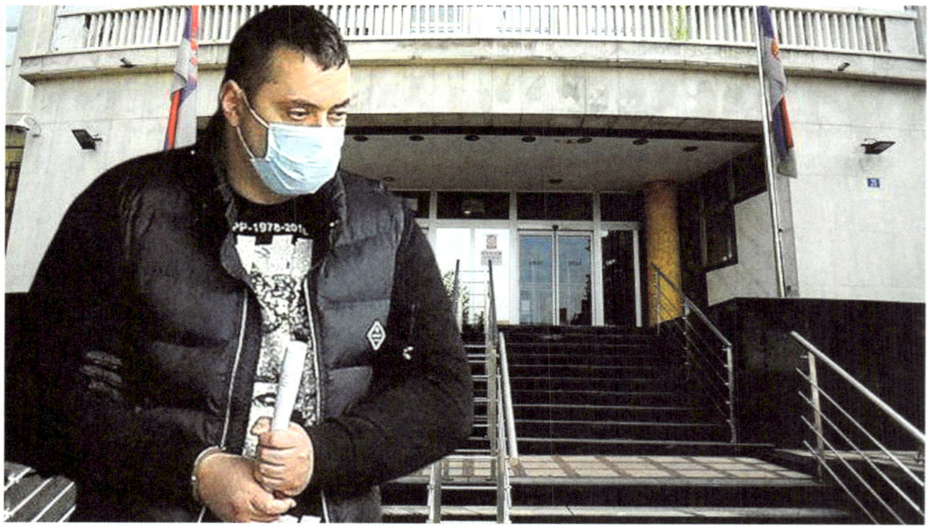

Special Agent Suzanne Turner präsentiert den Erfolg in San Diegeo (USA). Der in Wien verhaftete Mafiapate „Dexter".

Schlagercountdown mit Stars aus der Konserve

„Die gute alte Schlagerwelt hat in Corona-Zeiten vielen Zuschauern gutgetan", so bringt „Krone"-TV-Experte Stefan Weinberger die Sehnsucht nach langsam wiederkehrender Normalität auf den Punkt. Die ARD riskiert nichts und lässt Stars wie Andy Borg, Andrea Berg oder Andreas Gabalier bei Florian Silbereisen aus der Konserve – sprich in Aufzeichnungen – antanzen.

800 Festnahmen in 16 Ländern bei FBI-Operation · 81 Verhaftungen in Österreich

Globaler Schlag gegen die Mafia

Morde, Entführungen, Drogenhandel – im Zuge der weltweiten FBI-Operation „Trojan Shield" gehen allein bei uns 81 Bandenmitglieder der Drogenmafia ins Netz. Besonders schockierend: Aus einem Keller im 16. Wiener Bezirk kann ein verschleppter Schuldner befreit werden, der tagelang vor laufender Kamera gefoltert wurde.

„Dieser Polizeischlag gegen organisierte Mafiabanden war in dieser grenzüberschreitenden Form der größte in der Geschichte", so „Krone"-Reporter Klaus Loibnegger. 800 Festnahmen rund um den Globus, Drogensicherstellungen im Tonnenbereich und mehr als 200 illegale Waffen sowie Vermögenswerte im Milliardenwert untermauern den kriminalistischen Megaerfolg.

In Wien geht den Fahndern der größte Fisch ins Netz: Der berüchtigte Balkanpate Dario D. alias „Dexter" wird mitsamt Komplizen und zehn Kilo Heroin verhaftet. Drei Monate später folgt das Urteil: drei Jahre Haft für Dexter. Zu den Hintermännern sagt der bullige Boss aber nichts. Da gilt die „Omerta", das eherne Mafiagesetz des Schweigens.

Präsentiert wird der Großschlag gegen das organisierte Verbrechen im Innenministerium vom Generaldirektor für öffentliche Sicherheit, Franz Ruf, Justizministerin Alma Zadić und der Wiener Staatsanwaltsprecherin Nina Bussek. Innenminister Karl Nehammer gratuliert den erfolgreichen Ermittlern.

Mit einer Protest-Armada wollen Gegner der Kreuzfahrtschiffe den ersten Luxusliner, der Anfang Juni nach 17 Monaten Stille in die venezianische Lagune einfährt, stoppen. Während Demonstranten „Große Schiffe raus aus der Lagune!" skandieren, ertönen die Hörner des Ozeanriesen. Der Protest lohnt sich! Italiens Infrastrukturminister Enrico Giovanni gibt danach bekannt: „Ab August dürfen keine Kreuzfahrtschiffe mehr in die Lagunenstadt einlaufen!"

Ein starkes Doppel! So titelt „Krone Bunt"-Chefin Edda Graf ihre berührende Reportage über den grünen Vizekanzler Werner Kogler (59) und seine Stieftochter Miriam, die mit dem Down-Syndrom lebt. In dem „Vatertagsreport" charakterisiert der Steirer die 23-Jährige: „Sie sagt, was sie denkt. Gut, das tu ich ja auch." Und der Schnappschuss von einer gemeinsamen Radtour beweist: Werner ist tatsächlich Miriams bester Freund . . .

4 Burschen sollen 13-Jährige missbraucht haben · Leiche wie Müll vor Haus entsorgt

Vergewaltigungstod von Leonie

Der grauenhafte Tod eines erst 13-jährigen Mädchens sorgt in ganz Österreich für blankes Entsetzen. Denn laut ersten Ermittlungen wurde die aus Tulln (NÖ) stammende Leonie in einer Wohnung in Wien-Donaustadt zuerst mit Drogen betäubt und schließlich von vier Asylanten vergewaltigt. Danach starb sie – und wurde wie Müll vor dem Haus entsorgt.

Am 26. Juni schlagen Passanten um 7 Uhr früh Alarm: Auf einem Grünstreifen in der Viktor Kaplan-Straße lehnt eine junge Frau leblos an einem Baum. Vorerst ein Kriminalrätsel! „Doch einen Tag später melden sich die Eltern der 13-Jährigen und identifizieren sie als ihre Tochter Leonie", so „Krone"-Ressortchef Christoph Budin. Sie ist in einer nahen Wohnung gestorben.

„Vieles deutet darauf hin, dass dem Mädchen Drogen verabreicht wurden, um es gefügig zu machen. Dann kam es zu strafbaren Handlungen gegen die sexuelle Integrität", so fasst Polizeipräsident Gerhard Pürstl erste Ermittlungen zusammen.

Demnach haben vier amtsbekannte Asylwerber aus Afghanistan den Teenager mit einer Überdosis Ecstasy willenlos gemacht. Dann dürften alle Verdächtigen – für sie gilt die Unschuldsvermutung – über Leonie hergefallen und sie so brutal vergewaltigt haben, dass sie daran starb.

Drei der mutmaßlichen Täter im Alter von 16 bis 23 Jahren werden rasch gefasst. Einem vierten (22) gelingt vorerst die Flucht nach London, wo er aber von Zielfahndern aufgespürt wird. Noch während die Untersuchungen laufen richten die Angehörigen-Anwälte Johannes Öhlböck und Florian Höllwarth mit den Eltern einen Appell an die Politik, um einen strengeren Umgang mit straffällig gewordenen Asylwerbern zu erreichen.

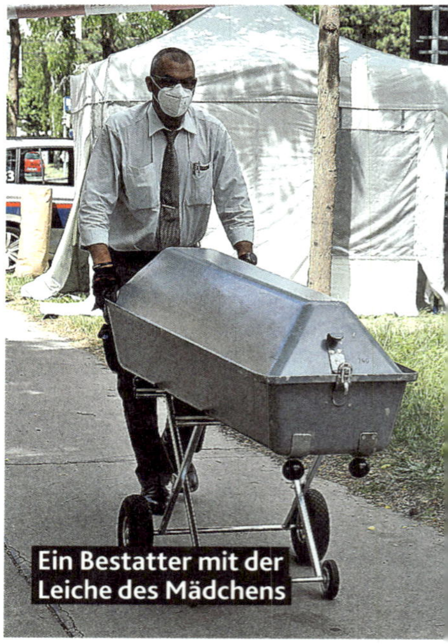

Ein Bestatter mit der Leiche des Mädchens

Erstes Shakehands in Genf der beiden Präsidenten seit Jänner

Gipfeltreffen von Putin & Biden: Entspannungssignale angesagt

Bei ihrem ersten gemeinsamen Gipfeltreffen in Genf versuchen Russlands Präsident Wladimir Putin und sein amerikanischer Amtskollege Biden, die angespannten Beziehungen zwischen den Atommächten ein wenig zu verbessern.

Dreieinhalb Stunden führen die beiden mächtigen Staatsmänner Gespräche. Wobei man unter vier Augen übereinkommt, dass der US-Botschafter nach Moskau und sein Amtskollege wieder nach Washington zurückkehrt. „Trotz freundlicher Minen bleiben die Gegensätze beim Themenkomplex Menschenrechte und Opposition evident", so „Krone"-Außenpolitik-Redakteur Christian Hauenstein. Der US-Präsident rügt den Umgang der Russen mit dem inhaftierten Kremlkritiker Alexej Nawalnij. Putin allerdings rechtfertigt dessen Inhaftierung damit, dass dieser eine Straftat begangen habe.

„Putin-Biden-Gipfel" mit Shakehands und auf Augenhöhe

Zielfahnder spüren verdächtigen Afghanen (22) in London auf

erschüttert Österreich!

Gedenkstätte für Leonie mit Blumen und Kerzen

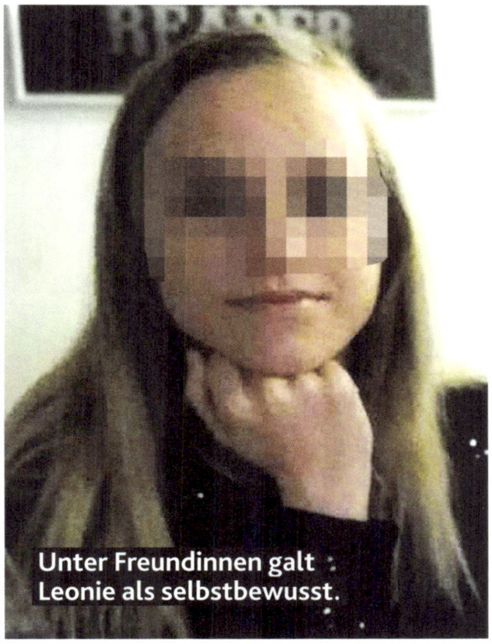

Unter Freundinnen galt Leonie als selbstbewusst.

Alkoholverbot gilt ab Juni in mehreren US-Fluggesellschaften wie American oder Southwest Airlines. Der Auslöser: Die wüste Attacke einer betrunkenen Passagierin. Sie hatte einer Stewardess zwei Zähne ausgeschlagen.

Riesenempörung löst in Italien die Freilassung des zu lebenslang verurteilten Mafiabosses Giovanni Brusca (64) aus. Auf sein Konto geht der spektakuläre Mord an Staatsanwalt Giovanni Falcone 1992. „Dass er frei ist, ist eine Schande für Italien", so Oppositionspolitikerin Giorgia Meloni.

„Red Bull"-Rekord auch trotz Corona-Krise. Der Getränkeriese setzte im Vorjahr weltweit 7,9 Milliarden Dosen des Energiedrinks ab. Das bedeutet ein Plus von 5,2 Prozent.

Aufatmen bei Armin Laschet. Für den neuen CDU-Chef gilt die Landtagswahl in Sachsen-Anhalt als Feuertaufe. Entgegen dem Bundestrend kann die CDU mit Reiner Haseloff dazugewinnen und bleibt mit 36% stärkste Partei. Ein Wahldebakel gibt es für Linke und die SPD.

So viele Menschen wie nie zuvor waren im Vorjahr auf der Flucht. 82,4 Millionen Personen wurden wegen Konflikten, Verfolgung und Gewalt aus ihrer Heimat vertrieben. „Hinter jeder dieser Zahlen steht ein Schicksal von Flucht, Entwurzelung und Leid", so ein Flüchtlingskommissar.

Reiche immer reicher. Der „Global Wealth Report" einer Schweizer Bank ermittelt jährlich den weltweiten Zuwachs bei den Vermögen. Die Zahl der Dollar-Millionäre stieg trotz Pandemie um rund 10% auf 56,1 Millionen. Wobei in der Studie Immobilienbesitz zugerechnet wird. Das ergibt für Österreich gleich 346.000 Millionäre.

Was für eine Sensation! Anna Kiesenhofer, Amateurin und im Hauptberuf Professorin für Mathematik an der Uni in Lausanne, holt Gold beim olympischen Radrennen.

Bild des Monats

TOP-THEMEN IM JULI

- Fußball-EURO: Aus erst gegen den späteren Sieger Italien
- Klimawandel mit Wetter extrem: Todesflut rollt über Deutschland
- Spannendes Wett-Rennen der Milliardäre im Weltraum
- Tierische Aufreger um zweifachen Schlangenalarm auf der Toilette

Bronze für Ruderin Magdalena Lobnig und den als Flüchtling nach Österreich gekommenen Judoka Shamil Borchashvili.

Athleten so erfolgreich wie zuletzt in Athen · Rot-weiß-rote Sommersportler gefeiert

Österreicher-Spiele: Jubel über

Erfolgreich für Österreich in Japan: Jakob Schubert, Lukas Weißhaidinger und Bettina Plank (Bild von links nach rechts)

Mathe-Professorin Anna Kiesenhofer (30) kalkuliert sich auf dem Rennrad zu Gold.

Goldene Mathematik-Doktorin ist als Amateurin die große Sensation im fernen Japan

7 Medaillen bei Olympia in Tokio

Michaela Polleres nach ihrem Sieg im Halbfinale.

Entzündung der olympischen Flamme - ein Jahr später als geplant

Anna, Gold hamma! Die Mathematik-Professorin Anna Kiesenhofer aus Niederösterreich fährt bei den Olympischen Spielen in Japan als Amateurin allen Rad-Profis auf und davon. Auch sonst ist Tokio mit sieben Medaillen ein erfolgreicher Boden für unsere Sommersportler.

Es ist ein Triumph für die Geschichtsbücher. Gleich nach dem Start reißt die Professorin an einer Schweizer Universität aus dem Hauptfeld aus – und fährt nach 137 Kilometer Flucht als Siegerin durchs Ziel. Es ist das erste Rad-Gold für Österreich seit den ersten Olympischen Spielen der Neuzeit 1896. Medien weltweit reißen sich nach dem Sportmärchen um die Spezialistin in Differenzial- und Integralrechnung. Die eigentliche Favoritin Annemiek Van Vleuten (NL) hatte auf Kiesenhofer „vergessen" und wurde Zweite . . .

Doch auch andere rot-weiß-rote Sommersportler sorgen für Jubel in der Heimat. Denn mit insgesamt sieben Medaillen (Gold, Silber und fünfmal Bronze) sind die wegen Corona auf heuer verschobenen Olympischen Spiele die erfolgreichsten Wettkämpfe seit Athen 2004.

Neben Diskuswerfen und Rudern machen die österreichischen Athleten auch in der Kletterwand und auf der Judo- bzw. Taekwondo-Matte sportliche Schlagzeilen.

Weltraumtouristen als Markt der Zukunft „Amazon-Pensionist“ Jeff Bezos gegen

Wettlauf der Milliardäre um den

„Amazon-Pensionst“ Jeff Bezos (links) und der britische Milliardär Richard Branson starten erfolgreich in ihr Weltall-Abenteuer

Schwere Vorwürfe:

Übergriffe bei Maturareise

Sexuelle Belästigung, Gewalt durch das private Security-Personal, gar von Vergewaltigungen nach K.-o.-Tropfen ist die Rede – die Vorwürfe rund um die wohl beliebteste Maturaparty in Kroatien wiegen schwer. Den Stein ins Rollen bringt ein couragierter 18-jähriger Niederösterreicher. Immer mehr mutmaßliche Opfer melden sich bei dem Jugendlichen nach der „Krone“-Aufregergeschichte. Schließlich reagiert der heimische Veranstalter mit internen Ermittlungen und kooperiert mit dem Aufdecker in Sachen Sicherheit.

Zwei Kinder ersticken:

Buben sterben bei Gas-Drama

Furchtbares Gas-Drama auf einem abgelegenen Bauernhof in Lasberg bei Freistadt (Oberösterreich). Zwei Kinder und ihre Mutter atmen die giftigen Dämpfe ein. Während die beiden Buben – im Alter von 5 und 2 Jahren – ersticken, ringt die 32-jährige Frau tagelang im Krankenhaus mit dem Tod und überlebt knapp. Die Ursache für den Kohlenmonoxid-Unfall: Nach einem Unwetter mit Stromausfall läuft ein Benzinaggregat im Keller – doch nach dem Auftanken war offenbar nicht genug gelüftet geworden.

britischen Virgin-Chef Richard Branson

ersten All-Flug

Der Weltraumtourismus könnte künftig zum milliardenschweren Markt werden. Die Crème de la Crème der Superreichen kämpft schon heute um die Vorherrschaft im All. Der britische Virgin-Gründer Richard Branson und der amerikanische „Amazon-Pensionst" Jeff Bezos starten erfolgreich ins Abenteuer.

Bei dem Duell der tollkühnen Milliardäre in ihren fliegenden Kisten gelingt Branson erster kleiner Sieg gegen Raumfahrt-Konkurrenten Bezos. Der britische Magnat startet etwas früher mit der „Unity 22"-Mission seiner Firma Virgin Galactic ins All-Abenteuer.

Nachdem der 71-Jährige in rund 80 Kilometern Höhe die Grenze zwischen Atmosphäre und Weltraum erreicht hat, landet er wieder wohlbehalten auf dem kommerziellen Weltraumbahnhof Spaceport America. Das 18 Meter lange „VSS Unity"-Raumflugzeug bietet zwei Piloten und sechs Passagieren Platz, schon ab 2022 soll es Touristen ins All bringen.

Neun Tage später hebt dann auch erfolgreich die „New Shepard"-Trägerrakete des 57-jährigen Amazon-Gründers ab. Der Flug dauert insgesamt rund 10 Minuten und erreicht eine Höhe von 106 Kilometer. Auch mit „New Shepard" sollen künftig sechs Passagiere befördert werden.

In dem milliardenschweren Markt für Weltraumtourismus will auch US-Milliardär und Tesla-Chef Elon Musk mit „Space X" mitmischen. Das Wettrennen der Superreichen um die Vorherrschaft im All bleibt spannend . . .

Babyboom bei der Regierung! Nur wenige Tage nach der Verkündung, dass Kanzler Sebastian Kurz und seine Partnerin Susanne Thier Eltern eines Buben werden, zeigt Familienministerin Susanne Raab stolz ihren neugeborenen Sohn. Zuvor hatte es schon bei Justizministerin Alma Zadić und Finanzchef Gernot Blümel Nachwuchs gegeben.

Kinder bis 12 dürfen nur mit Tests in die Wiener Freibäder

Die junge Generation feiert die Rückkehr der Nacht

Corona-Öffnungen – aber Wien schärft nach:

Die Rückkehr der Nacht, Kinder müssen testen

Viele Monate lang waren die Bars, Clubs und Diskotheken in Österreich coronabedingt geschlossen – jetzt kehrt die Nacht zurück. Beim ersten Partywochenende zeigt ein Rundum-Lokalaugenschein, dass wir das feiern nicht verlernt haben. Zugleich verschärft aber die Stadt Wien die Covid-Regeln bei Kindern.

Von Wien bis Bregenz mischt sich die „Krone" unter das Party-Volk. Nach 22 Uhr beginnt wieder die Stunde der Nachtschwärmer. Besonders die junge Generation freut sich wieder darauf, Freunde zu treffen und abzufeiern. Kontrolliert wird in Clubs und Bars streng nach der 3-G-Regel. Nur geimpft, getestet oder genesen dürfen die Gäste hinein.

Während auch die Hauptstadt die Nachtgastro öffnet, ist Wien bei den Kindern strenger als der Bund. Vom Freibad-Besuch über das Museum bis hin zum Gasthaus: 6- bis 12-Jährige müssen einen Test vorweisen. Die stadtweite Aktion „Alles Gurgelt" wird dafür anerkannt. „Das Virus macht keine Ferien. Die Gesundheitskrise ist nicht vorbei", begründet Bürgermeister Ludwig die Nachschärfung der Corona-Regeln.

Dieses Video zeigt die dramatischen Sekunden der Lebensrettung in Hallein. Held Alexander Eisenmann eilt dem Ehepaar (Bild links) in den reißenden Wassermassen zur Hilfe.

Großes Aufräumen nach der großen Flut in Deutschland.

Tödlicher Klimawandel › Jahrhundert-Katastrophe in Deutschland › Hochwasser

Schock über Todesflut – Hallein

Der Klimawandel schlägt mit Wetter extrem im Sommer gnadenlos zu. Über Deutschland rollt nach Starkregen eine Todesflut hinweg. Ganze Regionen werden überschwemmt, mehr als 150 Menschen sterben bei der Jahrhundert-Katastrophe. Auch in Österreich versinkt die historische Altstadt von Hallein im Hochwasser.

Besonders in den Bundesländern Nordrhein-Westfalen und Rheinland-Pfalz herrscht Land unter. Das Unwetter zieht eine furchtbare Schneise der Verwüstung. Brücken, Straßen, Häuser und Menschen – alles wird von den Wassermassen mitgerissen. Am Ende ist die Bilanz der Jahrhundert-Flut verheerend: Es gibt mehr als 150 Todesopfer und Milliarden-Schäden.

Das Versagen des Katastrophen-Schutzes in Deutschland sorgt in der Bevölkerung für Wut und eine Welle der Empörung. Denn obwohl die regionalen Behörden vom deutschen Wetterdienst offenbar zeitgerecht vorinformiert waren, gibt es keine bzw. kaum Warnungen.

Für dramatische Hochwasser-Bilder sorgt das Wetter extrem auch in Österreich. Die Salzburger Stadt Hallein wird völlig überflutet. Der kleine Kothbach schwillt binnen weniger Minuten zu einem reißenden Fluss an. Zum Held im Regen-Chaos wird der ehemali-

Schwangere mit Schere getötet

Entsetzliche Bluttat in Graz: Eine schwangere 17-Jährige wird tot in ihrem Bett auf dem Bauch liegend aufgefunden. In Hals und Nacken weist die Jugendliche mehrere Stichwunden auf, eine blutige Schere liegt auf der Wickelkommode. Als dringend tatverdächtig wird der Kindsvater (19) von der steirischen Mordkommission festgenommen.

Formel 1-Star Max Verstappen holt sich das Double bei seinem „Heimrennen" auf der steirischen Red-Bull-Strecke in Spielberg. Der Niederländer avanciert mit seinem vierten Österreich-Erfolg zum alleinigen Rekordhalter. Damit zieht er auch an Weltmeister Lewis Hamilton in der Fahrerwertung vorbei. Die heurige Formel 1-Saison verspricht einen heißen Kampf. Denn beim Grand Prix in Silverstone „schießt" der Brite Verstappen von der Strecke.

Land unter in der historischen Altstadt von Hallein (Sbg.).

auch in Österreich:

versinkt

ge Stadtrat der NEOS, Alexander Eisenmann. Er rettet ein Ehepaar vor dem drohenden Ertrinken.

Auch hierzulande beschäftigt Politik und Bevölkerung die Schuldfrage. Landwirtschaftsministerin Elisabeth Köstinger prangert die Zeitverzögerung des Hochwasserschutzes durch gerichtliche Einsprüche an.

Nach sintflutartigen Regenfällen stürzen Wassermassen über eine abgebrochenen Geländekante in die Tiefe. Das von einem Helikopter aus aufgenommene Bild gleicht einem Wasserfall.

Sport-Sensation aus rot-weiß-roter Sicht bei der Tour de France, dem berühmtesten Radrennen der Welt. Der 29-Jährige Profi Patrick Konrad sichert sich die 16. Etappe und krönt sich zum erst dritten Tour-Etappensieger aus Österreich. Als er nach seinem Husarenritt auf regennasser Straße nach 169 Kilometern in Saint-Gaudens über die Ziellinie fährt, kann er sein Glück kaum fassen. Entgeistert schlägt sich Konrad auf den Helm (li,.), ehe er auf dem Podium jubelt.

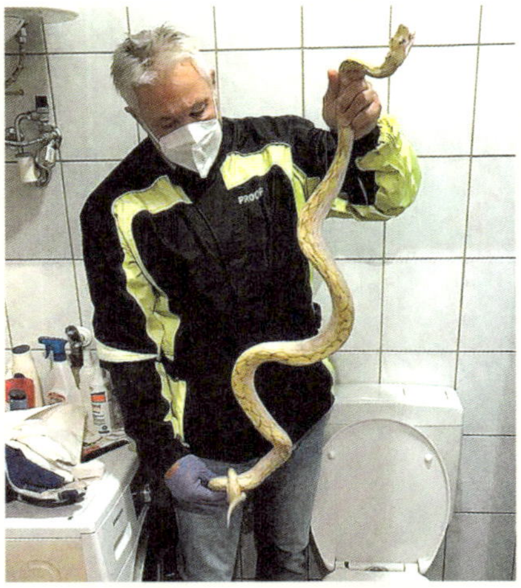

Die Python vom Grazer WC

Grazer Wohnungsmieter (65) verletzt

Schlangen-Horror auf der Toilette: Tier beißt zu

Albtraum-Geschichten über Schlangen im WC am anderen Ende der Welt werden gleich zweimal in Österreich Wirklichkeit. Zuerst beißt eine vom Nachbarn ausgebüxte, eineinhalb Meter lange Albinopython, einen 65-jährigen Grazer Wohnungsmieter beim Toilettgang in eine äußerst empfindliche Stelle. Nur wenige Tage später gibt es Würgeschlangen-Alarm auf einem Wiener WC. Mit dem Tod endet gar der Biss einer hochgiftigen Hornviper für einen 24-jährigen Züchter im oberösterreichischen Enns.

⊙ In einer eigenen EURO-Extraausgabe berichten die „Krone"-Sportredakteure von der EURO aus mehreren europäischen Städten. Immer nahe am österreichischen Team, topaktuell sowie mit den bewegendsten und besten Geschichten.

⊙ Aus nach 15 Jahren als Teamchef für Joachim Löw schon im Achtelfinale. Italienische Jubelszenen vor dem Kolusseum in Rom. ⊙

▶ EURO nach monatelangen leeren Stadien als Fußballfest ▶ Unsere Kicker liefern dem

Kleines Sommermärchen: Team

Nach der Corona-Verschiebung feiert die EURO in mehreren europäischen Städten mit der Rückkehr der Fans ein großes Fußballfest. Für das ÖFB-Team ist die erstmalige Qualifikation für das Achtelfinale ein kleines Sommermärchen – unsere Kicker scheitern am späteren Europameister Italien erst nach der Verlängerung.

So wie die Sommerolympiade war auch dieses Sport-Großereignis um ein Jahr verschoben worden. Österreich spielt in einer Gruppe mit Nordmazedonien, Ukraine und Holland. Beim Eröffnungsmatch feiert unser Team einen 3:1 Sieg. Auch der ob seines China-Abenteuers wieder in die Mannschaft zurückgekehrte Marko Arnautovic trägt sich in die Schützenliste ein. Allerdings kommt es beim Torjubel durch die Emotionen zu einem Eklat. Wegen der Beschimpfung eines Gegenspielers ist er für das Duell gegen Holland gesperrt – und spendet 25.000 Euro für ein Integrationsprojekt.

Nach der Niederlage lässt die rot-weiß-rote Mannschaft dann im letzten Gruppenspiel gegen die Ukraine nichts anbrennen und zieht erstmals ins Achtelfinale ein.

Dort wartet mit Italien ein scheinbar übermächtiger

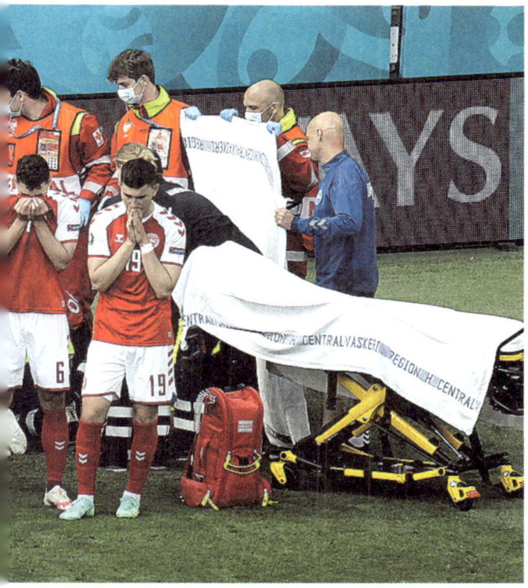

Freud und Leid liegen nahe beieinander: Italiens Tormann Gianluigi Donnarumma feiert den verschossenen Elfer von Englands Jung-Star Marcus Rushford. Entsetzte Mitspieler (li.) schirmen Dänemarks Christian Eriksen ab.

Kampf um den Ball: Marko Arnautovic gegen Azzuri-Verteidiger Francesco Acerbi.

späteren Europameister im Achtelfinale einen großen Kampf

scheitert erst an Italien

Gegner. Doch unser Team liefert einen großen Kampf. Ein Tor kurz vor Schluss wird vom Video-Referee wegen hauchzarten Abseits nicht gegeben. Erst nach Verlängerung setzten sich die Azzuri 2:1 durch – und gewinnen später im Finale im berühmten Londoner Wembley-Stadion gegen den Gastgeber im Elfmeterschießen.

Schlagzeilen macht auch der Herzstillstand des Dänen Christian Eriksen mitten auf dem Platz. Er bricht plötzlich auf dem Feld zusammen. Dramatische Bilder zeigen entsetzte Mitspieler mit Tränen in den Augen. Der Mittelfeld-Star kann aber wieder ins Leben zurückgeholt werden.

Und in seinem letzten Turnier als deutscher Teamchef scheitert Joachim Löw nach dem blamablen Ausscheiden in der Gruppenphase bei der Weltmeisterschaft diesmal auch schon früh: Gegen England ist im Achtelfinale Endstation.

Das Havanna-Syndrom alarmiert auch in Wien, der Stadt der Spione, den US-Geheimdienst CIA. Mehrere amerikanische Diplomaten sollen mit einer Schallwaffe der Russen schwere gesundheitliche Schäden davon getragen haben. Erstmals aufgetreten sind solche Fälle in Kuba.

Der Tiroler Bergfex Stephan Keck überlebt eine Lawine auf dem gefährlichsten Berg der Welt. Bei einer Gipfeltour zum Spendensammeln für Flüchtlingskinder aus Myanmar auf dem K2 an der Grenze zwischen China und Pakistan gerät er mit zwei Alpin-Kollegen unter die Schneemassen. Sein schottischer Begleiter (68) stirbt.

Inferno nach der Explosion eines Tanks im Chempark in Leverkusen in Deutschland. Bei der gigantischen Detonation sterben sieben Arbeiter. Das letzte vermisste Opfer wird erst knapp drei Wochen nach der Unfall-Tragödie von Einsatzkräften gefunden.

Angespannte politische Lage in Tunesien. Nachdem Staatspräsident Kais Saied die Macht in dem nordafrikanischen Land an sich reißt, den Regierungschef entlässt und das Parlament vom Militär abriegeln lässt, kommt es von Teilen der Bevölkerung zu Protesten.

Willkommen in Madrid! Großer Empfang für David Alaba. Florentino Pérez, Präsident des weißen Balletts, begrüßt Österreichs Fußball-Star zur Vertragsunterzeichnung im hauseigenen Klubmuseum.

Die Beliebtheitswerte von Bundesheer und Polizei bei Frau und Herr Österreicher steigen in der Corona-Krise. Jene beiden Behörden, die für Schutz und Sicherheit zuständig sind, profitieren laut neuester Umfrage des APA/OMG-Vertrauensindex am meisten.

Bild des Monats

Flucht-Flug in die Freiheit! 640 Afghanen drängen sich im Innenraum eines US-Militärfliegers , der eigentlich nur für 134 Personen ausgelegt ist. Die Flüchtenden stürmten die Maschine aus Angst vor den Taliban.

TOP-THEMEN IM AUGUST

- Nach US-Truppenabzug erneut Taliban-Terror in Afghanistan!
- Hans Knauß folgt Sepp Forcher mit „Österreich vom Feinsten“
- Den Fitnesscentern geht in der Pandemie die Kraft aus
- Wrabetz wird abgewählt: Weißmann neuer ORF-General!
- „Liebes-Aus“ nach 12 Jahren: Hirscher trennt sich von Laura

US-Truppen ziehen überhastet ab und hinterlassen Machtvakuum · Tausende wollen

Nach übereiltem Abzug erneut

Tausende versuchen mit ihren Kindern aus Kabul zu fliehen

Taliban-Kämpfer bei der Einnahme des Präsidentenpalastes

Chaos, Blut und Tränen. Da die westlichen Truppen unter Führung der US-Streitkräfte Afghanistan übereilt verlassen, gehen die vor 20 Jahren von der Macht vertriebenen Taliban zum Gegenangriff über. Im Eiltempo erobern sie Stadt für Stadt und Provinz um Provinz, bis sie die Hauptstadt Kabul mit ihrem Terror überziehen.

20 Jahre nach dem vermeintlich großen Sieg der USA und ihrer NATO-Partner über die Taliban, spiegelt der chaotische Truppenabzug ein militärisches wie politisches Versagen auf allen Linien wider. Der Versuch, Afghanistan die Demokratie einfach überzustülpen, ist kläglich gescheitert. Und das, obwohl der CIA die USA bereits 2018 eindringlich vor einer Rückkehr der Taliban gewarnt hatte. Doch anstatt das Land am Hindukusch wieder aufzubauen, Schulen zu fördern und in die Infrastruktur zu investieren, flossen Unsummen an Fördergeld an dubiose NGOs und Handlanger der Landlords.

Gleichzeitig beging die internationale Gemeinschaft den fatalen Fehler, sich nur um die Städte und nicht um die ländlichen Regionen zu kümmern. Auf die Steinzeit-Islamisten in schwer erreichbaren Gebieten achtete man kaum. Diese bauten weiterhin Mohn an, produzierten Heroin und erwarben für Drogengeld modernste Waffen. Um sich für einen neuen Kampf gegen die Besatzer zu rüsten.

Der hastige Truppenabzug der westlichen Kräfte bedeutet den Startschuss für die Wiederkehr der Taliban. Zumal den Gotteskriegern durch den übereilten Rückzug Waffen- und Kriegsgerät im Wert von 70 Milliarden US-Dollar in die Arme fallen. Denn die afghanische Armee überlies den Taliban ihr Arsenal kampflos.

In Anbetracht des immer näher kommenden Terrors versuchen Tausende Afghanen, die über Jahre mit den westlichen Truppen zusammengearbeitet hatten, zu fliehen. Sie fürchten die Rache der Taliban: Folter und Tod, der ihnen als „Verräter am Gottesstaat" blüht.

„Der Einzug der Radikalislamisten bedeutet Rückfall ins Mittelalter: Keine Rechte und keine Bildung für Frauen, Gewalt und Terror gegen die Bevölkerung", so unser „Krone"-Außenpolitik-Experte Kurt Seinitz.

Der Schlagzeuger der Rolling Stones, Charlie Watts (rechts), stirbt mit 80 Jahren in einem Londoner Spital. Der Vollblutmusiker war seit 1963 Teil der weltbekannten Rockband. „Charlie war ein geschätzter Ehemann, Vater und Großvater und als Mitglied der Stones einer der größten Schlagzeuger seiner Generation", so Bernhard Doherty, Agent des Verstorbenen.

vor Rache der Gotteskrieger fliehen > Bombenanschläge inmitten des Flüchtlings-Chaos

Taliban-Terror in Afghanistan!

Verzweiflung am Flughafen von Kabul. Menschen klammern sich an Räder abhebender Flieger und stürzen in den Tod.

Ein Bild, das um die Welt ging: Ein US-Soldat nimmt ein weinendes Baby und hebt es über den Stacheldraht.

US-Marines versuchen in Kabul, den Flughafen vor IS-Attentätern zu schützen.

In Panik und aus Angst vor der Rache der Taliban stürmen Hunderte Afghanen Flugzeuge in Kabul.

Trauer um Pionier des Privatradios

Kronehit-Geschäftsführer Ernst Swoboda (62) stirbt in Wien im Kreise seiner Familie. „Wir haben einen wichtigen Kollegen und überaus wertvollen Menschen verloren. Unser Mitgefühl ist bei seiner Familie", so „Krone"-Herausgeber Christoph Dichand tief betroffen über den Tod des langjährigen Mediaprint-Justiziars.

Lehrling als Lebensretter. Der 17-jährige Justin zögert auf dem Wiener Treppelweg keine Sekunde, als er sieht, wie ein 74-Jähriger bei einem Scooter-Crash über ein Geländer des Treppenabganges in den Donaukanal stürzt. „Er sprang ins Wasser, zog den Verletzten aus dem Wasser und rettete ihm das Leben", so Polizeisprecherin Barbara Gass über den mutigen Burschen.

Ex-Skistar übernimmt „Klingendes Österreich" als Moderator:

Hans Knauß folgt Sepp Forcher mit „Österreich vom Feinsten"

„Von diesem Fernsehformat habe ich schon lange geträumt", freut sich ein gut gelaunter und schmähführender Hans Knauß über seine neue Aufgabe als Moderator von „Österreich vom Feinsten". Im Interview mit Redakteurin Marie Leopoldsberger verrät der Ex-Skistar, wie er sich als Nachfolger von Sepp Forcher fühlt.

Denn ab Oktober wird Knauß als Neo-Moderator die Nachfolge-Sendung von Sepp Forchers „Klingendes Österreich" präsentieren.

„Ich habe einen Höllenrespekt vor ihm. Vor allem, dass er das selbst im hohen Alter so lange so souverän gemacht hat", hält der Steirer mit seiner Wertschätzung für die Ikone der Volksmusik nicht hinterm Berg, „der Sepp hat sich keinen Millimeter in seinem Leben verbiegen lassen, das bewundere ich. Was ich mitnehmen kann ist, wie erdig und bodenständig er das stets gemacht hat."

Der 50-Jährige will schauen, dass auch er authentisch bleibt. Neu in der Sendung sollen mehr Gespräche mit Leuten aus den Regionen sein. „Die Fußstapfen sind riesig, doch Knauß sollte sie auch ohne Skischuhe ausfüllen können. Denn der Brettl-Star ist ein absoluter Sympathieträger", glaubt auch Krone-TV-Experte Hans-Peter Brandstetter an den Erfolg des Schladmingers.

Merkels letzter Besuch bei Putin

Zum Abschied gibt es einen Blumenstrauß. Russlands Präsident Wladimir Putin und die deutsche Kanzlerin Angela Merkel kommen am 20. August ein letztes Mal in Moskau zusammen. Ihre Amtszeit endet bald, Putin möchte bis 2036 regieren. Kurioserweise findet der 20. Besuch der deutschen Spitzenpolitikerin in 16 Jahren am Jahrestag der Nawalnij-Vergiftung statt. Trotz aller Meinungsverschiedenheiten hat Merkel die Leitung nach Moskau immer offen gehalten. Auch wenn die beiden nicht immer einer Meinung waren, so verursachte der „Fall Nawalnij" den größten politischen Krach. Dass die Kanzlerin den Kreml-Kritiker in der Berliner Charité besuchte, war für Moskau ein ungeheurer Affront.

Nackte Tatsachen bei einer erotischen Premiere in Berndorf (NÖ). Das lässt sich über das von Intendantin Kristina Sprenger fabelhaft inszenierte Stück „Ladies Night" sagen. Die Komödie von Anthony McCarten und Stephen Sinclair kostet den Schauspielern Christoph Fälbl, Thomas Höfner, Martin Bermoser und Reinhold G. Moritz wörtlich ihr letztes Hemd.

Sepp Forcher (90) moderierte sein „Klingendes Österreich“ von 1986 bis 2020 mehr als zweihundert (!) Mal. Im August wird bekannt, dass der Schladminger Ex-Skistar Hans Knauß die Sendung übernimmt. Sie heißt nun „Österreich vom Feinsten“.

Getestet, geimpft oder genesen: 3G-Regel-Pflicht fürs Training

250.000 von 1,1 Millionen Mitgliedern verloren

Den Fitnesscentern geht in der Pandemie die Kraft aus

Die Einschränkungen durch die strengen Corona-Bestimmungen machen Österreichs Fitnesscentern enorm zu schaffen. Denn durch die Pandemie haben die Trainingsclubs bereits 250.000 ihrer bislang treuen Mitglieder verloren. Neue melden sich kaum an!

Neuzugänge gibt es im Sommer ohnehin meist sehr wenige. Deshalb können die großen Verluste – vorwiegend durch Abmeldungen verursacht – kaum wett gemacht werden.

Trotz Werbeversuchen finden die Betreiber von Fitnesstempeln so gut wie keine neuen Mitglieder. Außerdem haben sich viele Österreicher während des Lockdowns mit diversen Fitnessgeräten, Hanteln, etc. ausgestattet oder sie gehen lieber ins Freie als in ihren Klub trainieren.

Allein in der Bundeshauptstadt mussten seit Mai bereits 30 Prozent, also fast jeder dritte Fitnessklub, zusperren. Und angesichts düsterer Prognosen droht ein langsames Sterben der Trainingstempel.

2.200 Tote bei Beben auf Haiti

Am 14. August erschüttert ein schweres Erdbeben mit einer Magnitude von 7,2 Haiti. Durch die Naturkatastrophe sterben mehr als 2.200 Menschen. Zudem werden rund 12.000 Menschen zum Teil schwer verletzt. Die tragischen Auswirkungen des Bebens verschlimmern sich zudem durch das tropische Tief „Grace“, das für Starkregenfälle auf Haiti sorgt.

Ärzte prellen Staat um 2,5 Mio €

Bei Zahnärzten sowie in Laboren geht geht es klinisch rein zu. Doch wenn es ums Geld geht, vergessen einige Doktoren die Sauberkeit. Steuerfahnder decken sieben Fälle in ganz Österreich auf, die beweisen, dass es unter den „Göttern in Weiß“ zumindest sieben schwarze Schafe gibt. Diese ergaunerten mit Buchhaltungstricks 2,5 Millionen Euro.

Kroko-Tränen bei Abschied

Lionel Messi nimmt nach 21 Jahren von seinem Herzensklub FC Barcelona tränenreich Abschied. Der Argentinier geht als sechsfacher Europa-Torschützenkönig zu Paris Saint-Germain, kassiert ein Handgeld von 30 Millionen und ein Jahresgehalt von 41 Millionen Euro. Hunderte Fans empfangen den Superstar (34) in Frankreichs Hauptstadt. Für „Krone"-Kolumnist Michael Jeannée sind es aber nur Show-Tränen des Superstars: „Was gibt's da nach 21 Jahren in spanischen Fußballdiensten und 850 Millionen Euro auf dem Konto live vor Dutzenden von Journalisten zum Plärren?"

Wrabetz nach 15 Jahren abgewählt · 24 der 35 Stiftungsräte für türkisen Kandidaten

Weißmann neuer ORF-General

Es ist ein glatter Durchmarsch: Roland Weißmann, Vizefinanzchef des ORF, wird mit deutlicher Mehrheit vom Stiftungsrat u.a. mit den Stimmen aus dem türkisen und grünen „Freundeskreis" zum neuen ORF-Generaldirektor gewählt. Er löst damit nach 15 Jahren den bisherigen Amtsinhaber Alexander Wrabetz ab.

Der Linzer Roland Weißmann (53) wird Anfang August zum neuen ORF-General bestellt

„Der angesagte Favorit, ORF-Vizefinanzdirektor und Hobby-Karatekämpfer Roland Weißmann kickte Amtsinhaber Alexander Wrabetz nach 15 Jahren aus dem Amt. Ein Sieg mit Ansage, hatte doch Weißmann, Kandidat des bürgerlichen Lagers, von Anfang an die Mehrheit des ÖVP-dominierten Stiftungsrates hinter sich", so bringt „Krone"-TV-Experte Stefan Weinberger die Wahl auf den Punkt. Somit war auch das vorangegangene Hearing der fünf Kandidaten – Roland Weißmann, Lisa Totzauer, Thomas Prantner, Alexander Wrabetz, Harald Thoma – reine Makulatur.

Weißmann freut sich auf seine neue Aufgabe, an die er mit Respekt und Demut herangehen will. Freudig sieht der neue General auch der neuen Staffel von „Dancing Stars" und dem Finale der „Vorstadtweiber" entgegen.

Aber nur wenige wollen ihr klimaschädliches Verhalten ändern

Erderwärmung ist schuld: Bald drohen noch mehr Hochwasser!

„Der Klimawandel erhöht das Risiko extremer Flutkatastrophen, wie sie im Juli mehr als 140 Deutschen das Leben kosteten“, so ein Studienergebnis. Trotz dieser Warnung wollen nur wenige Menschen ihr klimaschädliches Verhalten ändern.

Für diese Analyse haben Forscher mehrere Länder Mitteleuropas untersucht. Mit dem Ergebnis, dass sich die Eintrittswahrscheinlichkeit extremer Flutkatastrophen erhöht. Prognostiziert wird eine Steigerung der Regenmenge um bis zu 19%!

Laut einer deutschen Umfrage sind 74% der Menschen davon überzeugt, dass die Erde einer ökologischen Katastrophe zusteuert. Dennoch wollen nur wenige ihr Verhalten ändern: So möchte nur ein Drittel wegen klimaschädlicher industrieller Tierhaltung auf Fleisch verzichten. Lediglich 39% wollen das Auto weniger nutzen. Sparsamkeit gilt nur bei Wasser und Beleuchtung . . .

Eine Klima-Aktivistin präsentiert nackte Tatsachen: „Du kannst die Klimaveränderung verändern!“

Liebes-Aus nach 12 Jahren! Ski-Superstar Marcel Hirscher bestätigt der „Krone“ als erster Zeitung die Trennung von seiner Langzeit-Partnerin Laura. „Wir gehen in gutem Einvernehmen auseinander und bitten jetzt, unsere Privatsphäre zu respektieren“, so der inzwischen pensionierte Sportler. Die zweifachen Eltern galten als Traumpaar des Skizirkus. Während der gesamten Karriere Hirschers war Laura an seiner Seite gewesen. „Ohne sie hätte ich all diese Erfolge nie erreicht“, so Marcel.

Todesdrama um den engagierten Ex-Volksanwalt Günther Kräuter. Der 64-jährige ehemalige SPÖ-Bundesgeschäftsführer stirbt am 7. August völlig überraschend bei einer Wanderung in Schladming. Österreichs Politik, allen voran die SPÖ, trägt Trauer.

Austro-Regisseur Stefan Ruzowitzky räumt beim Filmfestival in Locarno ab. „Für seinen Anti-Kriegsfilm Hinterland wird Österreichs Oscar-Star mit dem Publikumspreis prämiert“, so ADABEI Kálmán Gergely.

Gigantische Brände in Italien, der Türkei und in Griechenland lösen verheerende Zerstörungen aus. Zudem geht freiwilligen Helfern und Feuerwehren vielerorts wie auf der griechischen Insel Euböa das Löschwasser aus.

Kabinett des Grauens nennen es Oppositionelle, nüchtern betrachtet ist es ein Kabinett aus Erzkonservativen. Der neue iranische Präsident Ebrahim Raisi lässt sich seine Regierungsmannschaft, die durchwegs aus religiösen Fundamentalisten besteht, bestätigen.

Für Bitcoin & Co will die EU die bisherigen Vorschriften ausdehnen. Damit soll der Kampf gegen die Geldwäsche und die versteckte Terrorfinanzierung verschärft werden.

Die Steuerfahnder von Finanzminister Gernot Blümel haben Österreich im Vorjahr einen Geldregen beschert: 193 Mitarbeiter trieben 172 Millionen Euro von Steuerhinterziehern ein.

Klimaschock in Grönland! Zum ersten Mal seit Beginn der Aufzeichnungen ist am höchsten Punkt des Inlandeises in Grönland Regen gefallen. In 3216 Metern über dem Meeresspiegel hatte es bislang noch nie geregnet, sondern nur Schneefall gegeben.

TOP-THEMEN IM SEPTEMBER

- Keine Zeit zu sterben: Letzter Bond mit Daniel Craig als „007"
- Nationalteam am Boden – neuer ÖFB-Präsident gewählt
- Au revoir, Bébel! Die Filmwelt trauert um Jean-Paul Belmondo
- Doppelmord an zwei Frauen nach Behördenversagen
- Sensations-Comeback der schwedischen Band ABBA

Drei Gesichter, drei Mal Siegerlächeln: Die „rote Elke" erobert als KPÖ-Chefin Graz, Thomas Stelzer gewinnt in Oberösterreich dazu und Olaf Scholz ist am Weg ins deutsche Kanzleramt.

Laschet als vorprogrammierter Nachfolger von Merkel fährt krachende Niederlage ein

Deutschland vor Machtwechsel:

Das Bild dürfte ein Traum bleiben: Armin Laschet fährt Wahlniederlage ein.

Für die durch 16 Jahre Angela Merkel an die Macht gewöhnte CDU/CSU-Fraktion ist der Wahlabend in Deutschland bitter. Denn Finanzminister und SPD-Spitzenkandidat Olaf Scholz überholt die Christdemokraten und klopft kräftig an die Tür des Kanzleramts.

In Berlin stehen die Zeichen klar auf Machtwechsel. Armin Laschet als designierter Merkel-Nachfolger fährt eine herbe Wahlniederlage ein. Die CDU/CSU rasselt mit einem fast zweistelligen Minus auf 24,1 Prozent der Stimmen hinunter. Die SPD mit Olaf Scholz an der Spitze gewinnt um 5,2 auf insgesamt 25,7 Prozent hinzu.

Die Grünen können sich mit 14,8 Prozent fast verdoppeln, aber auch die

Langzeit-Kanzlerin Angela Merkel hat nach 16 Jahren (so lange wie vor ihr nur Helmut Kohl) Zeit für Privates.

ÖVP vorne, FPÖ verliert stark – Impf-Kritiker mit dabei:

Landeschef Stelzer setzt sich von Polit-Gegner ab

Kleine und große Überraschungen bei der mit Spannung erwarteten einzigen Landtagswahl heuer. Oberösterreichs ÖVP-Chef Thomas Stelzer gewinnt leicht bzw. vergrößert den Abstand zur stark verlierenden FPÖ. Und die Impf-Skeptiker MFG sind eine politische Größe.

Nach den schweren Verlusten von Vorgänger Josef Pühringer steigert sich Landeshauptmann Thomas Stelzer bei seiner ersten Wahl auf knapp 38 Prozent. Sein bisheriger Koalitionspartner, die Freiheitlichen, verlieren stark und fallen unter die 20-Prozent-Marke. Nicht vom Fleck kommt im Industrieland Oberösterreich mit nicht einmal 19 Prozent die SPÖ. Und die Grünen fahren mit mehr als 12 Prozent ihr bisher stärkstes Ergebnis ein.

Während es die NEOS knapp über die 4-Prozent-Hürde schaffen, liefert die Impf-Skeptiker-Partei MFG (Menschen, Freiheit, Grundrechte) im Bundesland mit der schlechtesten Immunisierungsquote die größte Überraschung und zieht mit drei Vertretern in den Landtag ein.

Siegerfaust von MFG-Spitzenkandidat Joachim Aigner. Die Impfskeptiker-Partei schafft ohne Wahlwerbung aus dem Stand mehr als sechs Prozent.

Bundeskanzler Sebastian Kurz gratuliert Oberösterreichs ÖVP-Landeschef Thomas Stelzer. Er bleibt weiter die klare Nummer 1 in Oberösterreich.

Olaf Scholz bastelt an Ampel-Bündnis

SPD ist Nummer 1

FDP geht trotz leichterer Zugewinne als Sieger aus der Wahl. Denn beide Parteien sind nun die künftigen Kanzlermacher. Entweder in einer Jamaika-Koalition mit den Christdemokraten oder in einem Ampel-Bündnis mit der SPD.

Wobei sich auch immer mehr Parteifreunde von dem im Wahlkampf kein Fettnäpfchen auslassenden und blass wirkenden Laschet distanzieren. Vieles spricht daher nach Gerhard Schröder für den nächsten SPD-Regierungschef in Berlin.

Grünen-Frontfrau Annalena Baerbock applaudiert sich selbst: Sie wird mit FPD-Chef Christian Lindner zum Kanzlermacher in Berlin.

Nach Gerhard Schröder steht nun SPD-Hero Olaf Scholz vor dem Sprung zum Regierungschef in Deutschland.

Kommunisten-Triumph in der Steiermark

„Stalingraz": Wahlsieg der KPÖ geht um Welt

Was haben China, Vietnam, Laos, Kuba, Venezuela und jetzt auch Graz gemeinsam? Den Kommunismus! Denn die „rote Elke" triumphiert in der steirischen Metropole an der Mur. Der KPÖ-Wahlsieg in der zweitgrößten Stadt Österreichs geht jedenfalls um die Welt . . .

Auch im Internet schlägt der KPÖ-Triumph in der Grünen Mark hohe Wellen. „Stalingraz" und andere Wortspiele sind schnell gefunden. Tatsächlich kommt der Absturz der ÖVP unter Bürgermeister Siegfried Nagl nach einer Ära von 18 Jahren bzw. die starken Stimmengewinne der „roten Elke" auf knapp 29 Prozent doch überraschend.

Dritter werden die Grünen mit 17,32 Prozent (ein sattes Plus von 6,81 Prozentpunkten) vor der ebenfalls verlierenden FPÖ mit 10,61 Prozent (minus 5,25) und der de facto verharrenden, einst in der steirischen Landeshauptstadt so stolzen SPÖ mit 9,53 Prozent.

KPÖ-Chefin Elke Kahr ist jedenfalls auf dem Weg zur ersten kommunistischen Bürgermeisterin von Graz.

Siegertorte für KPÖ-Chefin Elke Kahr, – sie punktet mit Wohnthemen.

Ordnungswache Graz bekommt eine neue Uniform

+++ BREAKING +++ Erste Bilder aus Graz nach Erdrutsch-Sieg der #kpoe in #Graz! #grazwahl21

Die Welt staunt, das Internet höhnt: Nach dem kommunistischen Erdrutsch-Sieg in einer westlichen Demokratie gehen die Wogen in sozialen Medien hoch.

Volks-Rock'n'Roller mit der „Krone" auf dem Gipfel

Es ist die erste Live-Besteigung eines 3000ers in Österreich: Mit krone.tv erklimmt eine Seilschaft rund um Volks-Rock'n'Roller Andreas Gabalier das „Dach Österreichs". Vor dem Gipfelsieg auf dem 3798 Meter hohen Großglockner spielt der Austro-Barde noch ein unplugged Konzert mit seiner Ziehharmonika vor spektakulärer Alpenkulisse. Gemeinsam mit Bergführer Wolfgang Schupfer lässt Gabalier die letzte Etappe des Aufstiegs Revue passieren: „Bis zur Adlersruh für einen sportlichen Menschen gut machbar, doch danach wurde es herausfordernd. Am Gipfel zu stehen, das war sicherlich einer der Top-3-Momente meines Lebens."

Seit 1970 fünfmal mehr Unwetter

Erschreckende Bilanz der Weltwetterorganisation in Genf, Schweiz: In den vergangenen 50 Jahren ist die Zahl der extremen Wetterphänomene wie Stürme, Dürren, Überschwemmungen und Brände durch den Klimawandel um das Fünffache angestiegen. Und der Trend nach oben hält an. 90 Prozent der Unwettertoten sind in Entwicklungsstaaten, dafür 60 Prozent der wirtschaftlichen Schäden in reicheren Ländern zu beklagen.

Valentina allein mit toter Mutter

Es ist eine ebenso berührende wie furchtbar tragische Geschichte: Die zweijährige Valentina ist mehr als 24 Stunden lang alleine mit ihrer toten Mutter (38) in einer Wohnung im oberösterreichischen Ried. Um wenigstens etwas trinken zu können, schiebt die Kleine geistesgegenwärtig einen Sessel zur Wasserleitung. Eine Nachbarin in dem Altstadthaus schlägt schließlich bei der Polizei Alarm – und rettet dem Mädchen so das Leben.

Peinlich-Niederlagen des Teams in Fußball-WM-Quali gegen Israel und Schottland:

Foda nach Pleiten angezählt

Österreichs Fußball-Nationalteam am Boden. Nach zwei Peinlich-Pleiten auswärts gegen Israel und dann daheim gegen Schottland ist der WM-Zug über die Gruppenphase abgefahren. Trainer Franco Foda steht vor der Ablöse.

Wie schon vor der EM-Qualifikation blamiert sich die rot-weiß-rote Mannschaft in Israel erneut, unterliegt auswärts 5:2. Wenige Tage später wird dann daheim Schottland zum Stolperstein. Diesmal treffen wir gar nichts ins Tor. Die Peinlich-Pleiten fallen in das Ende der Ära von Langzeit-ÖFB-Präsident Leo Windtner nach knapp 13 Jahren Amtszeit. Er tritt nicht mehr an, sein Nachfolger wird der 65-jährige Burgenländer Gerhard Milletich.

Mit dem Abgang von Windtner dürften auch die Tage von Teamchef Franco Foda gezählt sein. Denn der WM-Zug nach Katar 2022 ist über die „normale" Qualifikation in der Gruppenphase abgefahren. Österreich hält sich aber mit dem starken Abschneiden in der Nations League zuvor noch ein sportliches Hintertürchen nächstes Jahr im März offen.

Auch David Alaba kann die zwei Peinlich-Niederlagen des österreichischen Nationalteams nicht verhindern. Teamchef Franco Foda ist angezählt.

Sensations-Comeback von ABBA mit Album

Björn, Agnetha, Anni-Frid & Benny sind zurück. Nach 40 Jahren bringt die legendäre schwedische Popgruppe ABBA („Dancing Queen") ein neues Album mit zehn Songs heraus. „Voyage" soll am 5. November erscheinen. Das kündigt die Band bei einer weltweit übertragenen Pressekonferenz an. Zugleich wird es Konzerte in London geben – mit den Musikern als Avatare. Das Urteil von Fans auf Twitter: „Abba haben 2021 gerettet!" Für die digitale Show „Abba Voyage" wird in der britischen Metropole extra eine Arena mit 3.000 Plätzen gebaut, sagten Benny Andersson und Björn Ulveaus.

Ex sowie deren Freundin getötet · Vergewaltigungsanzeigen für Justiz „zu dürftig"

Behördenversagen: Doppelmord

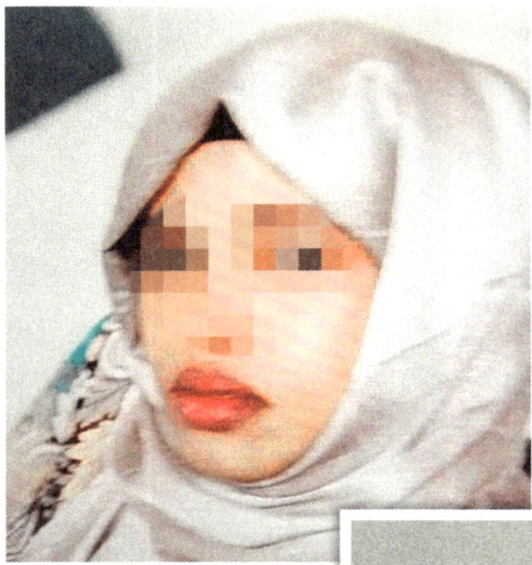

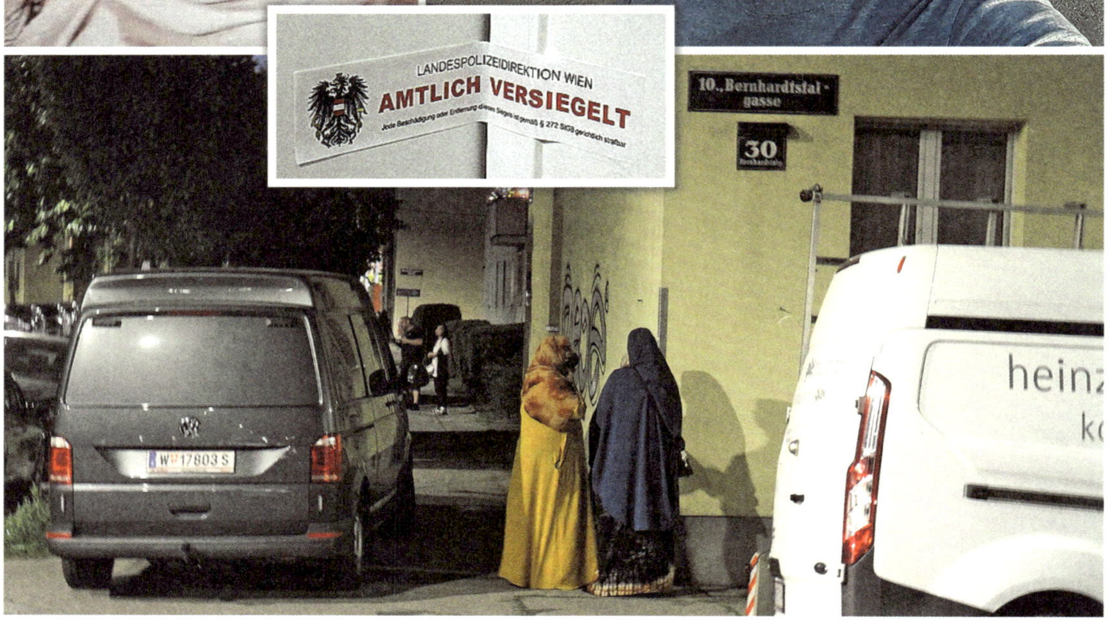

Erschlagen und erstochen: In diesem Wiener Gemeindebau tötete der anerkannte Asylwerber seine Ex-Freundin (Bild oben links) und eine zufällig vorbeikommende Besucherin.

Welle der Empörung nach dem Doppelmord an zwei Frauen in einem Wiener Gemeindebau! Denn wie im „Fall Leonie" geht es um Behördenversagen. Vergewaltigungsanzeigen im Vorfeld gegen den Verdächtigen waren für die Justiz zu „dürftig.

Mit einem Messer und einen Nudelwalker attackiert der anerkannte somalische Asylwerber seine frühere Lebensgefährtin (37) und Mutter der gemeinsamen, knapp vierjährigen Tochter, sowie eine zufällig zu Besuch kommende 35-jährige Caritas-Übersetzerin. Beide Frauen haben keine Überlebenschance.

Die Bluttat weist schockierende Parallelen zum „Fall Leonie", jener 13-jährigen Schülerin, die von Afghanen unter Drogen gesetzt, vergewaltigt und zum sterben wie Müll abgelegt wurde, auf. Der 28-jährige Flüchtling wurde trotz sieben Anzeigen (drei davon wegen Vergewaltigung) nicht abgeschoben.

Vor der Polizei legt der Doppelmord-Verdächtige dann ein Horror-Geständnis ab. Er gab an, dass er auch einen von ihm vermuteten „Nebenbuhler" töten wollte. Der konnte sich aber in Sicherheit bringen.

Au revoir, Bébel! Die Filmwelt und die Grande Nation trauert um einen ganz Großen: Jean-Paul Belmondo ist tot. Der Schauspieler (ganz rechts auf einem Porträtbild aus dem Jahr 1973) stirbt in Paris im Alter von 88 Jahren. Bébel – so eben sein Spitzname – spielte in rund 100 Kinoproduktionen mit. Seine Lieblingsrolle war die des charmanten Kriminellen wie in Jean-Luc Godards „Außer Atem" aus 1959. Der unvergessliche Belmondo verlieh dem Verbrechen Sex-Appeal.

Daniel Craig ein letztes Mal 007

Im Auftrag Ihrer Majestät heißt es für Daniel Craig im insgesamt 25. James-Bond-Film „Keine Zeit zu sterben" zum letzten Mal. Der Schauspieler nimmt nach fünf erfolgreichen Auftritten als britischer Geheimagent Abschied von der Rolle. Und der fällt - typisch 007 - standesgemäß mit viel schönen Frauen, Action aber auch einer großen Brise Selbstironie aus. Mit knapp drei Stunden Spielzeit soll der Streifen die weltweiten Kinos retten.

Laptop, Nachmittagsbetreuung, Nachhilfe, Hefte – ein schulpflichtiges Kind geht ins Geld, so eine neue Erhebung der Arbeiterkammer. Im Schnitt geben Eltern pro Jahr 1468 € dafür aus. Der Kauf von Computern für coronabedingten Fernunterricht hat die Situation für viele verschärft.

Raubtier in Wohnung! Aufregung in New York um einen auf engsten Raum gehaltenen Puma. Tierschützer können die elf Monate alte und rund 36 Kilo schwere „Sasha" befreien und im Bronx Zoo unterbringen. Ihr neues Zuhause wird eine Auffangstation in Turpentine.

Spektakulärer Coup von Kriminellen in Frankreich. Die Bande bringt auf offener Strecke einen Güterzug zum Stehen und stiehlt die Ladung – aber die Beute fällt mager aus: Weihnachtsdekoration und Kleinmöbel.

Rekord auf Autobahn: Der in Salzburg lebende italienische Pilot Dario Costa schafft es, mit seiner Propellermaschine mit 245 km/h durch zwei Autotunnel in Istanbul zu fliegen – Eintrag in Geschichtsbücher.

Corona-Stufenplan der Bundesregierung. Ab 15. September werden die Maßnahmen an die Zahl der mit Virus-Patienten belegten Intensivstationen im Land gekoppelt. Ab 300 Betten gilt in der Nachtgastro und bei Veranstaltungen ohne zugewiesene Sitzplätze (über 500 Personen) nur mehr 2G. Also Zutritt für Geimpfte und Genesene, Ungeimpfte müssen draußen bleiben.

Traurige Nachrichten aus Norwegen. Die Eisbären auf Spitzbergen werden laut Studie von den steigenden Temperaturen immer mehr bedroht. Das schmelzende Territorium erschwert die Partnersuche. Nachkommen sind nicht gesichert.

TOP-THEMEN IM OKTOBER

- Schallenberg folgt Kurz nach dessen Abgang als Bundeskanzler
- „Captain Kirk" fliegt mit 90 Jahren wirklich durchs Weltall
- Verstappen gegen Hamilton: Psycho-Krieg in der Formel 1
- Roswitha Stadlober wird zur ersten ÖSV-Präsidentin gewählt

Nach einer Razzia im Kanzleramt und Korruptionsvorwürfen verlässt Kanzler Sebastian Kurz das Amt. Er bleibt Parteiobmann und wird ÖVP-Fraktionsführer im Nationalrat.

› Regierungskrise nach Razzia im Kanzleramt › Ermittlung wegen Untreue, Bestechung

Schallenberg folgt Kanzler Kurz

Kanzler Kurz und sein engstes Umfeld stehen wegen Untreue, Bestechung und Bestechlichkeit im Visier der Justiz. Nach einer Razzia wegen dieser Korruptionsdelikte erfolgt am 6. Oktober eine Hausdurchsuchung im Kanzleramt. Drei Tage später tritt Kurz zurück, Alexander Schallenberg folgt ihm als Bundeskanzler!

Der neu angelobte Bundeskanzler Österreichs: Alexander Schallenberg

„Nun wurde wahr, was die ÖVP seit einiger Zeit befürchtet hat: Ermittler standen mit einer Durchsuchungsanordnung der Wirtschafts- und Korruptionsanwaltschaft (WKStA) vor mehreren Türen. Es kam zu Razzien im Kanzleramt, in der Parteizentrale und im Finanzministerium", so leitet „Politik"-Redakteurin Sandra Schieder ihren Bericht über die spektakulärste Hausdurchsuchung in der Zweiten Republik ein.

Denn die von einem Haft- und Rechtsschutzrichter – jenem, der Kurz als Beschuldigten im Ibiza-U-Ausschuss vernahm – genehmigte Anordnung hat es in sich. Darin werden Kanzler Sebastian Kurz (ÖVP), Getreuen in seinem engsten Umfeld, Wolfgang Fellner, Herausgeber der Zeitung „Österreich", und der Meinungsforscherin Sophie Karmasin schwerwiegende Vorwürfe gemacht.

Basis für die Ermittlungen sind Chat-Verläufe, die einschlägige Dialoge beinhalten. Die WKStA führt Ermittlungen gegen Kurz und weitere neun Beschuldigte sowie drei namentlich genannte Verbände wegen des Verdachts der Untreue, Bestechlichkeit und Bestechung. Für all diese Genannten – sie bestreiten die Vorwürfe – gilt die Unschuldsvermutung.

Konkret geht es um Inseratenkorruption im Zusammenhang mit Meinungsumfragen und positiver Berichterstattung in der Zeitung „Österreich" und dem zur Mediengruppe gehörenden Online-Portal oe24.at. Die Umfragen sollen aus Steuergeldern vom Finanzministerium über Scheinrechnungen zum Nutzen von Kurz finanziert worden sein. Die These der Ermittler: Im Austausch habe es üppige Inserate des Finanzministeriums gegeben.

und Bestechlichkeit ➤ Üble Chat-Verläufe Basis des Verdachts

nach dessen Abgang!

„Der erste Eindruck ist verheerend, sofern er sich bewahrheitet. Für mich ist das Wichtigste sicherzustellen, dass die Justiz in Ruhe ermitteln kann", so Vizekanzler Werner Kogler. Wenngleich der Grünen-Chef den Rücktritt des Bundeskanzlers fordert, stehen die Landeshauptleute vorerst geschlossen hinter dem Türkisen-Chef Kurz.

Als dann aber neue, ungustiöse Chat-Meldungen auftauchen ruft der Bundeskanzler zum zweiten Mal innerhalb zweier Tage, am 8. Oktober um 19.30 Uhr, eine Pressekonferenz ein.

„Er trat zur Seite, und machte für den bisherigen Außenminister Alexander Schallenberg im Kanzleramt Platz", fasst „Politik"-Expertin Doris Vettermann den Rücktritt zusammen. Allerdings: Kurz wird ÖVP-Klubobmann und bleibt Parteichef . . .

Michael Linhart (63), bisheriger Botschafter in Paris, übernimmt das Außenamt. Präsident Van der Bellen gratuliert.

Auslöser der Regierungskrise: die Razzia im Kanzleramt

Österreich zwischen Wackelkoalition und Neuwahlen

Kronen Zeitung UNABHÄNGIG Wien Krone

EIN MISSTRAUENSANTRAG besiegelt spätestens am Dienstag Sebastian Kurz' Schicksal als Kanzler. Aber was kommt danach? Das Vertrauen zwischen Türkis und Grün ist dahin, eine Vierer-Regierung ohne ÖVP steht auf sehr wackeligen Beinen. Die Frage ist weniger, ob es Neuwahlen gibt, sondern eher wann.
BERICHTE SEITEN 2 BIS 15

WAHL

NOCH MEHR ANGEBOT
Start für die neue „Wien Krone"
Mit frischem Layout, noch mehr Themen, Service und viel Hintergrundgeschichten startet die „Krone" einen neuen Wien-Schwerpunkt.
SEITEN 26 BIS 46

WM-QUALIFIKATION
Pflichtsieg ohne jeglichen Glanz
Leipzig-Legionär Konrad Laimer leitete mit seinem Treffer zum 1:0 Österreichs ungefährdeten 2:0-Erfolg auf den Färöern ein.
SPORT

Krone AUKTION
Jetzt bieten!
50%
9. – 18. OKTOBER 2021

3-fach Jackpot
LOTTO

Brief an die Leser

KLAUS HERRMANN

Aus dem Kübel

Draußen war es schon dunkel, wir legten in der Redaktion noch (vermeintlich) letzte Hand an zur Finalisierung der 12-seitigen Strecke über die schweren Regierungsturbulenzen in der Sonntags-„Krone". Wir hatten nach langen Diskussionen und langem Tüfteln eine Titelseite – siehe unten – vorbereitet, die, so meinten wir, den Nagel auf den Kopf treffen würde: „Österreich zwischen Wackelkoalition und Neuwahlen". Denn, davon waren wir überzeugt: Beide einigermaßen realistischen Varianten, eine 4-Parteien-Koalition Grün-Rot-Blau-Pink wie ein Weitermachen von Türkis-Grün ohne Sebastian Kurz, hätten nur eine kurze Lebensdauer.

Und dann kam Kurz. Und verkündete um 19.30 Uhr seinen Rückzug. Ein vielköpfiges Redaktionsteam schaffte in weniger als einer Stunde das fast Unmögliche: Bereits bis zum ersten Redaktionsschluss die sensationelle Neuigkeit mit ihren Folgen im Blatt!

Die ursprüngliche Titelseite landete im Mistkübel, wir titelten zweideutig: „Kurz mal weg".

Und zeigen Ihnen heute in verkleinerter Form doch noch die Titelseite aus dem Kübel, weil sie Gültigkeit behält: Erspart bleibt Österreich zwar die Kickl-Rendi-Wagner-Meinl-Reisinger-Kogler-Koalition. Aber Türkis-Grün kann nach allem, was zuletzt passiert ist, auch nicht lange halten.

Ob wir Österreicher uns das wünschen oder nicht: Alles andere als Neuwahlen im ersten Halbjahr 2022 wäre ein Wunder!

Geschäftsführender Chefredakteur

Post von Jeannée

MICHAEL JEANNÉE
michael.jeannee@kronenzeitung.at

SIE werden erst Ruhe geben,

wenn Sebastian Kurz GANZ weg ist.

Wenn es ihn politisch nicht mehr gibt. Weder als „Schattenkanzler" im Parlament noch als Chef seiner Partei. Wenn er verschwunden ist. SIE sind sich einig.

Die grünen Verräter.

Die roten Loser.

Die blauen Hasser.

Die pinken Möchtegerns.

Und so mancher türkise Landeshauptmann, der sich nach Schwarz zurücksehnt, „heult" mit.

Ja, Kurz hat Fehler gemacht. Grobe verbale Fehler. Keine Frage.

Aber die haben mit seinem Sturz nur peripher zu tun. Kurz ist über sein Talent gestolpert. Über seinen Ehrgeiz. Über seine Überlegenheit. Über seinen politischen Instinkt.

Steigt als rotzfrecher Jungspund aus seinem belächelten Geilomobil, wird Staatssekretär, Minister und gleich zweimal hintereinander Bundeskanzler.

Das geht nun, bitte schön, überhaupt nicht. Wer soll sich das gefallen lassen? Wo sind wir denn??

Ein Nobody, der den „Granden" zeigt, wie es gemacht wird.

Ein Ruckzuck-Politiker. Ein Wunderwuzzi. Ein Liebling der Presse. Ein Fernsehstar. Eine internationale Berühmtheit.

Das Ausland beneidet uns um ihn. Kurz-Storys von Salzburg bis Sidney. Top-Interviewer stehen Schlange. Und das „Ärgste": Seine Politik bringt das Land weiter, ist erfolgreich.

Erfolg aber wird hier niemandem verziehen. Erfolg ist eine Todsünde.

PS: Zeig's ihnen, Sebastian!

Nach Abgang von Kurz spricht Opposition neuem Kanzler

Kanzlerrücktritt folgen

Krone KREATIV | Fotos APA, stock.adobe.com/1STunningART

Gefährliches Duell mit Unfällen auf der Strecke

Verstappen gegen Hamilton: Psycho-Krieg in der Formel 1

Lewis Hamilton im Mercedes und sein potentieller Nachfolger als Weltmeister, der um 12 Jahre jüngere Max Verstappen im Red Bull, liefern sich einen gefährlichen Psycho-Krieg in der Königsklasse des Motorsports. Während der siebenfache britische Weltmeister in Silverstone bei seinem Formel 1-Heimrennen Verstappen von der Strecke schießt, crashen beide Stars beim Grand-Prix von Monza in Italien spektakulär. Der Red Bull hebt beim Überholen in der Kurve ab und landet auf dem Mercedes. Der Überrollbügel bewahrt Hamilton vor schwereren Verletzungen.

Das gefährliche Duell geht jedenfalls weiter. Es bleibt bis Saisonende spannend, wer die Nase vorne hat.

Schallenberg die Eigenständigkeit ab ➲ „Ein Schattenkanzler"

Zukunftsspekulationen

Nach dem Kanzlerwechsel wollen ÖVP und Grüne das Regierungsprogramm weiter umsetzen. Schließlich seien ein völliges Polit-Chaos und baldige Neuwahlen abgewendet worden. Seitens der Opposition allerdings hagelt es geballte Kritik: Für die SPÖ, Neos und die FPÖ bleibt Kurz der Schattenkanzler!

Nach vielen harten Worten, Drohungen und Ultimaten sind am Tag nach dem Kanzlerrücktritt zwischen den Regierungspartnern milde Töne und Versöhnung angesagt. „Werner Kogler hält eine Art Rede an die Nation mit einer Rundumdanksagung", so bringt „Politik"-Redakteurin Doris Vettermann die neue Situation auf den Punkt.

Indes zeigt sich die Opposition verärgert. Denn für alle drei Parteien bedeutet der „Schritt zur Seite" nur ein Täuschungsmanöver von Ex-Kanzler Kurz, um als Schattenkanzler weiterhin die Fäden zu ziehen. Schallenberg sei eine Marionette.,

Kalmierend greift in dieser Situation Bundespräsident Alexander Van der Bellen ein. Er macht schließlich etwas, was Politiker in Österreich nur selten zuwege bringen: Er spricht über Respektlosigkeit und entschuldigt sich „in aller Form" für das Bild, das die Politik zuletzt abgegeben hat. „Allerdings folgt eine Woche nach der Razzia das nächste Kapitel im Politthriller", so Redakteur Erich Vogl, „Marktforscherin Sabine Beinschab – für sie gilt die Unschuldsvermutung – wird als Verdächtige in der Inseratenaffäre verhaftet!"

Alle drei Oppositionschefs Rendi-Wagner (SPÖ), Meinl-Reisinger (Neos) und Herbert Kickl (FPÖ) gehen davon aus, dass Kurz ÖVP-Schattenkanzler bleibt.

Harte Rivalen auf der Strecke: Mercedes mit Lewis Hamilton (36) und Max Verstappen (24) im Red Bull.

„Captain Kirk" mit 90 echt im All

Amazon-Gründer Jeff Bezos schießt „Raumschiff Enterprise"-Star William Shatner (90) mit seinem Weltraumunternehmen für ein paar Minuten in die Schwerelosigkeit. Damit geht der legendäre „Captain Kirk" aber nicht nur in die Geschichte der fiktiven, sondern auch der realen Raumfahrt ein. Denn er knackt den Rekord als ältester Weltraumreisender.

➲ **Matthias Walkner** (35) sichert sich bei der Marokko-Rallye vorzeitig den WM-Titel im Cross Country. Der Salzburger KTM-Motorradpilot erringt somit nach 2015 seinen zweiten Titel.

➲ **„Asterix und der Greif"**, so der Titel des neuen, 39. Asterix-Bandes. Nach dem Tod von René Goscinny (1977) und Alberto Uderzo (2020) stammen die Texte und Comic Bilder von Yves Ferri und Didier Conrad.

➲ **Zur ersten Präsidentin** des österreichischen Skiverbands (ÖSV) wird die Ex-Skirennläuferin Roswitha Stadlober (58) gewählt. Ihr zur Seite stehen der 54-jährige Ex-Olympiasieger Patrick Ortlieb und Christian Scherer als Generalsekretär.

➲ **Die WM-Chancen** der rot-weiß-roten Fußballnationalmannschaft sind nach der Niederlage gegen Dänemark (0:1) praktisch im Keller. Somit bleibt Österreichs Team nur noch die Minichance im WM-Play-off.

➲ **Zu Sportlern des Jahres** werden Rad-Olympiasiegerin Anna Kiesenhofer und Ski-Doppelweltmeister Vincent Kriechmayr gekürt. „Krone"-Sportchef Peter Frauneder stellt sich mit einem persönlichen Geschenk ein und überreicht den beiden ein druckfrisches Exemplar seines Buches „Sportidole hautnah".

➲ **Ein Vulkan** auf der spanischen Ferieninsel La Palma, der bereits im September ausbrach, spuckt pausenlos Lava. 1500 Häuser und andere Bauwerke wurden bereits zerstört. Inzwischen sind bereits 7000 Menschen aus der prodelnden Vulkanregion geflohen.

➲ **Ein Bogenschütze** tötet im Zentrum der norwegischen Stadt Kongsberg, 80 Kilometer von Oslo entfernt, fünf Menschen. Der Amokläufer wird gefasst.

WWF gegen Öko-Gespenster & Plastikflut

Naturhelfer machen tödliche Geisternetze

„Verlorene oder zurückgelassene Fischereinetze sind die tödlichste Form von Plastikmüll in den Ozeanen", so klar warnt WWF-Meeresbiologe Axel Hein vor den qualvollen Todesfallen in unseren Meeren. Zudem landen allein im Mittelmeer pro Minute 33.800 Plastikflaschen im Wasser. Deshalb fordern die Naturbewahrer ein weltweites UN-Abkommen gegen Plastikmüll!

Gefangen im Netz, kein Ausweg mehr für die Schildkröte. – Ein Seelöwe betrachtet eine Covid-Maske im Wasser.

Welfenprinz verklagt Erbprinz · Streit um Marienburg

Ernst August von Hannover will sein Schloss vom Sohn zurück

Vor 17 Jahren hat Welfenprinz Ernst August von Hannover seinem Sohn Ernst August jr. das Schloss Marienburg, das Hausgut Calenberg sowie das Fürstenhaus Herrenhaus in Hannover als Schenkung beziehungsweise als Vorerbe übertragen. Doch nun fordert der Vater vom Sohn die rund fünf Millionen Euro wertvollen Eigentümer wegen „schweren Undanks" wieder zurück.

Denn der 37-jährige Erbprinz habe sich „schwerwiegend an den Rechten, Rechtsgütern und Interessen des Klägers vergriffen", heißt es in der geharnischten Anklageschrift des Herrn Papa.

Schließlich habe der Junior seinen Vater Ernst August als Vorstand der Welfenstiftung in Liechtenstein eigenmächtig abgesetzt. Aber genau von dort aus wird der österreichische Besitz der Adelsfamilie verwaltet. Zudem soll der Erbprinz versucht haben, die Marienburg für einen Euro an das Land Niedersachsen zu verkaufen. Der Prozess soll am 25. November starten.

Ernst August, Erbprinz von Hannover, wird von seinem Vater, dem Welfenprinz Ernst August von Hannover verklagt. Es geht um die Rückgabe der traumhaften Marienburg.

in unseren Ozeanen

Jagd auf im Meer

„Mit einem Segelboot machen Umweltschützer vom WWF (World Wide Fund for Nature) Jagd auf verwaiste Fischereiausrüstungen", so „Krone"-Redakteurin Kathi Pirker, „alleine an einem Tag werden im italienischen Portofino mehr als 200 Kilo alter Netze aus dem Wasser gefischt und unschädlich gemacht."

Die Geisternetze und der Plastikmüll zerstören ganze Naturparadiese und die Böden in den Tiefen. „Unsere Tauchgänge belegen, dass 557 Tierarten direkt betroffen sind", so WWW-Experte Axel Hein im Gespräch mit Umweltredakteur Mark Perry. Zudem gehen durch den Abrieb der Korallenriffe auch die Laichplätze der Fische für immer verloren.

Deshalb werben die Naturschützer für ein weltweit verbindliches UN-Abkommen gegen Plastikmüll und die Entsorgung von Fischereinetzen im Meer.

Helene freut sich auf Baby

Europas Schlager-Queen Helene Fischer erwartet ihr erstes Kind. Die 37-jährige, in Russland geborene Sängerin, ist außer sich vor Freude. Das Baby ist ein absolutes Wunschkind. Deshalb freuen sich Helene und ihr Freund Thomas Seitel (36) riesig auf den Nachwuchs. Laut Gerüchten könnte das Baby rund um den Jahreswechsel das Licht der Welt erblicken. Und: Die „Tour 2022" soll im April in Bad Hofgastein starten!

Auszeichnung für Dr. Georg Wailand. Dem stellvertretenden „Krone"-Chefredakteur wird durch Kardinal Schönborn im Rahmen einer Feier im Erzbischöflichen Palais das Komturkreuz des Silvesterordens mit Stern überreicht: „Als Anerkennung für Wailands Beratung in Wirtschaftsfragen für die Kirche Österreichs."

Im Brennpunkt

KARIN PODOLAK

Ein Rezept für soziale Hilfe

Weil wir gerne englischsprachige Begriffe zur Aufwertung neuer Projekte verwenden, wurde ein zukünftiges Angebot in Hausarztpraxen „Social Prescribing“ benamst. Die Übersetzung lautet „soziale Verschreibung“ und ist in Großbritannien seit Langem ein wichtiger Teil der hausärztlichen Tätigkeit.

In Österreich kürzlich vom Gesundheitsministerium nun probeweise in neun medizinischen Einrichtungen in vier Bundesländern vorgestellt, soll dies dem Allgemeinmediziner die Möglichkeit bieten, bei sozialen und psychischen Bedürfnissen seiner Patienten Hilfe zu vermitteln. Etwa im Fall von Einsamkeit, Überforderung, finanzieller Notlage. Sozusagen ein soziales Notfall-Rezept. Eine gute Idee allemal.

Die Fördersumme von 285.000 Euro würde sich um ein Vielfaches bezahlt machen, wenn man damit Menschen aus gesundheitsschädlichen Situationen herausholen könnte. Dazu zählen (Kinder-)Armut genauso wie Gewalterfahrung und Diskriminierung. Es ist hoch an der Zeit, psychosoziale Faktoren als Teil des Krankheitsgeschehens anzuerkennen und gezielt an nötigen Verbesserungen zu arbeiten.

Übrigens: Die Telemedizin bietet in manchen Bereichen eine zeitgemäße Alternative. Etwa zur Kontrolle der Diabetes gibt das Spital dem Patienten nötige Geräte mit und schult Pfleger oder Angehörige darauf ein. Via Internet werden gemessene Werte an den Arzt geschickt.

Generalstabschef Brieger wird Vorsitzender im Militärausschuss

Brieger oberster EU-General

Kommendes Jahr wird Österreichs Generalstabschef Robert Brieger in Brüssel den Vorsitz des Militärausschusses der EU übernehmen. Konkret wird General Brieger ab 1. Juni 2022 die Nachfolge des italienischen Generals Claudio Graziano antreten. „Dass ein österreichischer Offizier ein so hohes Amt in der EU verliehen bekommt, ist auch eine Wertschätzung der international anerkannten Leistungen des Bundesheeres“, so „Krone“-Leser Kurt Gärtner, Oberst in Ruhe aus Wels (OÖ).

„Tatsächlich entsendet Österreich seit Jahrzehnten militärische Kontingente in Krisengebiete, wo sich unsere Soldaten mit ihrem Können und Improvisationsvermögen durchsetzen“, ergänzt Heeressprecher Oberst Michael Bauer, „dank Professionalität und seines Fachwissens ist Brieger die beste Wahl für diese Funktion.“

Die Vignette 2022 wird diesmal marillenorange und ist bereits ab 1. Dezember gültig. Inflationsbedingt verteuert sich das neue „Autobahnpickerl“ um 1,4 Prozent. Somit wird die Pkw-Jahresvignette 93,80 Euro und jene für Motorräder 37,20 Euro kosten. Online gibt es die Digital-Vignette wodurch das lästige Kleben und mühsame Abkratzen wegfällt.

In Thernberg: Kathrin Zechner, Autorin Selina Gina Kolland, Filmchefin Katharina Schenk, Produzentin Gabi Stefansich, Miriam Fussenegger, Martina Ebm und Hilde Dalik (v.l.)

Betreuungsroboter als Hilfe für Angehörige:

Digitalisierung als Chance

Ein zukunftsweisendes Modell stellt die „Krone“ Gesund-Serie „Pflege, jetzt handeln!“ vor. Nämlich die Unterstützung per Tablet, Computer, Internet und auch Roboter für Angehörige. Immerhin können Betreuungsroboter bereits Medikamente herrichten, Hebefunktionen ausführen, sogar mit Musik und Bewegungsprogrammen unterhalten. Ingrid Korosec, Präsidentin des Seniorenbundes, sieht die Entwicklung positiv: „Durch die Digitalisierung haben die Patienten auch im Notfall rund um die Uhr und rasch Zugang zu medizinischer Hilfe. Die Gesundenkasse spart durch Telemedizin Geld.“

Effizient: Betreuungsroboter

General Robert Brieger

Fünf asiatische Länder planen Mega-Ausbau:

600 neue Kohlekraftwerke

Fünf asiatische Länder wollen 600 neue Kohlekraftwerke errichten. Sie sind somit für 80 Prozent der derzeit geplanten Dreckschleudern verantwortlich. China, Indien, Indonesien, Japan und Vietnam wollen 300 Gigawatt Energie erzeugen. „Diese letzten Hochburgen der Kohleenergie schwimmen gegen den Strom", so Energieexpertin Catharina Hillenbrand Van der Neyen.

Denn nicht nur ökologisch, sondern auch ökonomisch machen diese Kohlekraftwerkbauten keinen Sinn. „Erneuerbare Energien sind eine günstigere Alternative, die die globalen Klimaziele unterstützen."

Serie übers „Überleben für Anfänger"

Blackout – Wenn „Alles finster" ist!

Mit Spannung wird kommendes Frühjahr die Ausstrahlung der im niederösterreichischen Thernberg gedrehten ORF-Serie zum Thema Blackout erwartet. Sechs Folgen als humorvolle Anleitung zum Überleben für Anfänger, wenn „Alles finster" ist.

Experten sind sich einig: Es ist nicht mehr die Frage ob bei einem europaweiten Blackout plötzlich alle Lichter ausgehen, sondern wann. Was dann alles passieren kann erzählt die sechsteilige Serie „Alles finster". Gedreht wird in Thernberg (NÖ), dem fiktiven Kekenberg an der Della, wo alles harmonisch erscheint, bis eben mit einem Schlag das Licht ausgeht.

Mittendrin im Tohuwabohu der Finsternis stehen die „Vorstadtweiber" Hilde Dalik und Martina Ebm. „Es ist wohl gut, die Zuseher dafür zu sensibilisieren und alle damit verbundenen Herausforderungen aufzuzeigen", sagt Ebm, „zumal es erstaunlich ist, wie selbstverständlich Strom im Alltag geworden ist und wie groß die Abhängigkeit davon ist."

Jürgen Melzer und Dominic Thiem sind sich einig

„Nico ist unser Botschafter"

Obwohl er seit seinem zweiten Lebensjahr querschnittgelähmt ist, hat es der Tiroler Nico Langmann (24) bis zum Paralympics-Starter in Tokio geschafft. Mit den Tennisstars Gerald Melzer und Dominic Thiem verbindet Nico eine enge Freundschaft. Für sie ist er „Botschafter Österreichs". Bei einem gemeinsamen Match in der Tennis-Akademie von Wolfgang Thiem kann „Krone"-Redakteur Christoph Matzl Nico Erfreuliches übermitteln: „Verteidigungsministerin Klaudia Tanner hat für die Gleichstellung von Heeresportlern und gehandicapten Athleten beim Bundesheer gesorgt."

Redakteur & Nico Langmann

Bilanz

DR. GEORG WAILAND
georg.wailand@kronenzeitung.at

Pfui Kohle? Da lacht ganz China

Natürlich sind wir in Österreich umweltbewusst. So verzichten wir nicht nur auf Atomkraftwerke, sondern inzwischen auch auf Kohlekraftwerke (Deutschland will diesen Ausstieg bis 2038 schaffen). Das sollte die Luft sauber halten und der Rohstoff-Ausbeutung ein Ende setzen.

Fühlt sich gut an? Fein. Nur: Die Realität ist ganz anders. Das mit Österreich stimmt schon, aber die Welt dreht sich nicht nach unseren frommen Wünschen. In fünf asiatischen Ländern sind derzeit mehr als 600 neue Kohlekraftwerke in Bau: 368 in China, 109 in Indonesien, 92 in Indien, 41 in Vietnam und 14 in Japan. Wohlgemerkt: Das sind n e u e Kohlekraftwerke, die da gebaut werden und vermutlich viele Jahrzehnte in Betrieb sein werden, weltweit sind 1380 neue Kohlekraftwerke in Planung.

Allen politischen Schwüren zum Trotz: China verfeuert mehr Steinkohle als alle übrigen Staaten der Welt zusammen. Da können wir sehr brav und umweltbewusst auf Kohle verzichten – alle Klimaziele, die uns von der Politik verkündet werden, sind so lange Makulatur, solange es Entwicklungen wie bei der Kohle gibt.

Der ungeheure Energiehunger Asiens hat dazu geführt, dass sich der Kohlepreis zuletzt verdreifacht hat. Nicht der Ausstieg wurde belohnt, sondern der Einstieg beim „schwarzen (und schmutzigen) Gold".

Ein Grund zu resignieren? Ganz und gar nicht, aber die Fakten müssen wir schon nennen können. Auch gegenüber Giganten à la China!

Rathaus erhöht ab 2022 Gebühren für Müll und Wasser ▸ Auch Parkpickerl kommt:

Stadtleben wird (noch) teurer

Wer bis zuletzt gedacht hat, die Stadt Wien würde in Corona-Zeiten bei der Gebühren-Erhöhung zum Wohle der Bürger ein Auge zudrücken, wird enttäuscht. Die Abgaben für Wasser, Abwasser, Müll & Co. steigen mit 1. Jänner 2022 ordentlich an. Auch das Parkpickerl kommt flächendeckend ab März nächsten Jahres.

Nein, danke, Hanke! Der Finanzstadtrat will auf Millionen an Mehreinnahmen nicht verzichten – und die sowieso schon leidgeprüften Wiener werden in der bisher größten Gesundheitskrise ihres Lebens weiter zum finanziellen Aderlass gebeten.

Schon jetzt sprudeln die Gebühren kräftig ins Wiener Rathaus-Budget. Heuer sind es mehr als eine Milliarde Euro aus den Einnahmen von Wasser, Müll, Kanal, Gebrauchsabgaben und Parken. Durch die neue Erhöhung dürfte es 2022 wieder einen Rekord geben.

Und so erklärt die Stadt die Erhöhung von immerhin 2,45 Euro bei Müll, Kanal und Wasser für einen dreiköpfigen Durchschnittshaushalt pro Monat: „Die Valorisierung in Wien richtet sich nach dem Verbraucherpreisindex (VPI), dem Maßstab für die allgemeine Preisentwicklung bzw. für die Inflation in Österreich." Das Geld werde in „die Modernisierung und Erhöhung der Servicequalität der Daseinsvorsorge investiert.

Und was sagt der Koalitionspartner, die Neos, zu der Erhöhung, gegen die sie früher immer gewettert haben? „Den Automatismus hätten wir gerne abgeschafft bzw. zumindest dieses Jahr ausgesetzt. Das war mit der SPÖ nicht umsetzbar", so die leise Kritik eines Sprechers. Ein Polit-Umfaller wie aus dem Lehrbuch . . .

Wasser und Kanal – mit den steigenden Gebühren sprudeln die Einnahmen der Stadt ab kommendes Jahr kräftig.

// WIEN

Auch mit Parkgebühren durch das flächendeckende Pickerl in allen Wiener Bezirken gibt es für das Rathaus einen wahren Geldregen.

So ein Mist: Auch die Abgaben für Müll werden kräftig nach oben geschraubt. Hinzu kommen steigende Energiekosten durch hohe Strom- und Gaspreise im Winter auch für Wiener Bürger aufgrund der in ganz Österreich davongaloppierenden Inflation.

Punschkrapfen-Koalition (mit seitlichem Riss) – Bürgermeister Michael Ludwig (re.) und sein Vize Christoph Wiederkehr

Es gibt noch viel Unkraut zu zupfen

Bürgermeister Michael Ludwig hatte dieses Jahr leichtes Spiel. Durch Wechsel des Koalitionspartners gewann er viel Zeit für eine SPÖ-Alleinregierung. Auf dem Papier gibt es zwar einen Koalitionspartner – aber: Die Neos brauchen mindestens zwei Jahre bis sie Regierung können, die Grünen die gleiche Zeit, bis sie wieder Opposition verstehen. Und so steht Ludwig einsam an der Spitze, denn von den weiteren Parteien ist kein großer Widerstand zu erwarten.

Die ÖVP ist mit sich selbst beschäftigt und wer weiß, welchen Bundeskanzler wir gerade haben, wenn Sie diese Zeilen lesen. Gernot Blümel eilte nach der Wahl 2020 eiligst in sein Ministeriumsbüro, die zweite Reihe der Türkisen ist in Wien nur politischen Feinspitzen mit zu viel Tagesfreizeit bekannt. Einen Nachfolger baut sich in dieser Partei wohl niemand gerne auf.

Die FPÖ wurde im Oktober des Vorjahres durch den Fleischwolf gedreht und was unten rausgekommen ist, macht es sich jetzt im Rathaus eben im kleineren Kreis gemütlich. Am aufregendsten wird es für die Blauen, wenn einem Mandataren eine Torte ins Gesicht geworfen wird. Sonst: Politischer Winterschlaf, auch im Hochsommer. Wobei: Langsam scheint sich in diesem Schnarchnasendenken etwas zu ändern.

Die Grünen versuchen es – nach internationalem Vorbild in Sachen Scheitern – mit einer Doppelspitze.

Wien ist anders

MICHAEL POMMER

Alleinregierungen tun keiner Stadt gut. Nach einer Reihe von Eigentoren (Ärger mit Schulen, Umfaller bei den Gebühren, Chaos-Behörde MA 35), wäre es fein, wenn jemand Vizebürgermeister Christoph Wiederkehr endlich einen Wegweiser durch das Magistratslabyrinth in die Hände drücken könnte. Corona ist auch im kommenden Jahr noch da, der Tourismus wird nur mühsam aus dem künstlichen Tiefschlaf geholt, und eine brauchbare Integrationspolitik gibt es nach wie vor nicht.

Aber das alles ist raunzen auf hohem Niveau. Ein Blick auf den Bund zeigt, wie politisch stabil Wien dasteht. Keine Rathaus-Chats, keine Hausdurchsuchungen oder Festnahmen – bei niemandem in den Stadtratsbüros müssen wir uns fragen, wer in ein paar Monaten vielleicht eine Fußfessel tragen oder ins Gefängnis muss. Den Wienern bleiben die Skandale, die in der Bundeshauptstadt fast schon Tradition haben: Freunderlwirtschaft, Geldverschwendungen, Misswirtschaft, Postenschacher.

Wenn die Behörden den großen Dschungel an Korruption gerodet haben, sollte sich in Wien dennoch einmal jemand um das Unkraut kümmern. Es gibt noch viel zu zupfen.

„Promi-Bonus" mit 4 Rettungsautos:

Wirbel um Stadtrat Hackers Wirbelbruch

Während viele Wiener Patienten auf die Rettung warten müssen, geht es bei Gesundheitsstadtrat Peter Hacker schneller: Gleich vier Blaulicht-Autos mit Notärzten und Sanitätern eilen zu dem SPÖ-Spitzenpolitiker, der in seiner Wohnung gestürzt war. Der „Promi-Bonus" sorgt für Aufregung. Zudem fällt Hacker für einzige Zeit aus, weil er sich eine Fraktur im Bereich der Brustwirbelsäule zugezogen hat.

Nein, es ist kein Donauinselfest wie damals – aber ein Neuanfang, der Hoffnung macht: Der Pandemie zum Trotz pilgerten an den drei Festivaltagen Zehntausende Menschen auf das weitläufige Areal. 42.000 Karten waren für das Donauinselfest 2021 für vier Bühnen mit rein heimischen Künstlern verlost worden. Zum Abschluss rockten etwa Stars wie Seiler & Speer.

Proteste von Jungen erinnern an Hainburg

Baggerbesetzung bei Stadtstraßen-Bau

Kommt ein zweites Hainburg in Wien? Während die demokratiepolitisch bedeutende Protestbewegung in der Donau-Au vor bald 40 Jahren gegen ein Wasserkraftwerk richtete, haben vorwiegend junge Demonstranten heute die geplante Stadtstraße und den Lobau-Tunnel im Visier. Ein Protest-Camp stoppt vorläufig die Bauarbeiten.

Wochenlang sorgt die Besetzung von Baggern durch Umweltaktivisten im Osten von Wien für Schlagzeilen. „Jetzt ist der Punkt, an dem die Verkehrswende kommen muss und Straßenbauprojekte jetzt zu forcieren ist nicht nur ein Verbrechen", so der allgemeine Tenor im Protestcamp.

Die Fronten scheinen verhärtet: Denn das Rathaus will die Stadtstraße in Aspern und auch den Lobau-Tunnel unter allen Umständen wegen der Verkehrsentlastung für Anrainer bauen. Indes legt sich auch das grüne Umweltministerium quer. Denn Ressortchefin Leonore Gewessler lässt frühere Asfinag-Straßenpläne auf ihre aktuelle Notwendigkeit prüfen.

Die Proteste von Umweltschützern richten sich gegen den Lobau-Tunnel und den Bau der Stadtstraße – auch Bagger werden von Aktivisten besetzt.

BUNDESLAND IN KÜRZE

Wiener Wohnen
Nach der Anklageerhebung im Korruptionsskandal greift Wiener Wohnen durch. 18 Vertragsbedienstete wurden fristlos entlassen. Insgesamt müssen 45 – teils ehemalige Mitarbeiter – vor Gericht.

1 G bei Ärztekammer
Nur noch vollständig Geimpfte bzw. Genesene mit einer Impfung lässt die Wiener Ärztekammer in ihre Räumlichkeiten. „Wir haben hier eine besondere Verantwortung", so Präsident Thomas Szekeres.

Stadt-Vogelzählung
In Wien pfeifen ganz schön viele Spatzen von den Dächern. Genauer gesagt, 6000 Haus- und Feldsperlinge. Das ist das Ergebnis der von BirdLife initiierten Spatzen- und Spechtzählung in der Stadt.

Und das 2021 › Welle der Sympathie für von Türsteher abgewiesene Schwestern

„Zu dick“: Disco-Verbot empört

Abwertendes Disco-Verbot wegen Figur: Vivi (li.) und Liza (re.)

„Du bist zu dick für den Club!“ – was sich im Jahr 2021 und in Zeiten von Selbstliebe und Körperakzeptanz wie ein schlechter Scherz anhört, wird für zwei Wiener Schwestern vor einer Disco des Promi-Gastronoms Martin Ho zur traurigen Realität. Sie dürfen, im Gegensatz zu ihrer mitgekommenen Freundin, nicht hinein.

An der Tür des „Vie i Pee“ herrscht ein strenges Regime, wie die Schwestern Liza (20) und Vivi S. (18) am Mittwoch erfahren mussten. „Wir waren zu viert. Ein Freund und ich standen ganz vorne in der Schlange, Vivi und Liza dahinter. Der Türsteher fragte uns, ob wir nur zu zweit wären. Wir sagten nein“, schildert die 24-jährige Jessi F.

Der Türsteher verwehrte ihnen darauf den Einlass – ohne Grund. Diesen wollten die Frauen aber wissen und fragten nach dem Manager. „Ein junger Mann, der sich als Veranstalter vorstellte, teilte mir unter vier Augen mit, dass ich zwar in den Club dürfe, meine Freundinnen aber nicht. Sie wären zu dick“, berichtet Jessi geschockt. Das passe nicht zum Image der Disco.

Die abgewiesene Liza S.: „Dass wir aufgrund meiner Figur nicht hinein durften, hat mich sehr verletzt.“ Nach dem „Krone“-Bericht gibt es jedenfalls heftige Reaktionen und eine Welle der Sympathie für die Schwestern.

Aufreger-Urteil › Wohnungsmiete sinkt deutlich

Gericht streicht Lagezuschlag bei Drogenbrennpunkt: Weniger Zins

Statt 750 Euro netto muss ein Mieter im 8. Bezirk künftig 250 Euro weniger Zins bezahlen. Dieser Entscheid der Höchstrichter – als Begründung wird der 160 Meter von der Wohnung entfernte Drogenbrennpunkt bei der U6-Station Josefstädter Straße samt des Lärms angegeben – reduziert den Lagezuschlag. Ein richtungsweisendes OGH-Urteil. Denn auch in baulich vergleichbaren Gegenden könnte künftig die Altbaumiete kräftig sinken.

Drogen-Brennpunkt U6-Station Josefstädter Straße. Das Höchstgericht kippt den Lagezuschlag.

Kasperl ist wieder da

Krawuzikapuzi! Nach langer Pause heißt es ab Oktober in der Urania wieder: „Kinder, seid ihr alle da?“ Kasperl und Pezi freuen sich auf ihr junges Publikum und erleben ein Abenteuer nach dem anderen.

Anzeigen zu Benko-Bau

Die Aufregung um das ehemalige Lainer-Gebäude auf der Mariahilfer Straße, das Investor René Benko zu einem Luxuskaufhaus umbauen will, reißt nicht ab. Es gibt Anzeigen und Anrainer-Einsprüche.

Am „Dirndlgwandsonntag" heißt es einen Tag in Dirndl oder Tracht zu verbringen und damit eine lieb gewonnene Tradition hochzuhalten. Bereits seit mehr als zehn Jahren lädt die Volkskultur Niederösterreich zum Tragen bodenständiger Kleidung. Landeshauptfrau Johanna Mikl-Leitner dankte Organisatorin Dorli Draxler für ihr Engagement.

Absage an Waldviertel-Autobahn, aber:

Großes Öffi-Paket bringt Besserungen

2021 wird als das „Jahr der Öffis" in die Geschichte eingehen: Zum Start verkündeten Umweltministerin Leonore Gewessler und Landeshauptfrau Johanna Mikl-Leitner ein milliardenschweres Mobilitätspaket für das nördliche Niederösterreich – im Herbst kam dann auch die Einigung für das Klimaticket.

„Die Waldviertelautobahn ist gestorben", gab Redakteur Thomas H. Lauber direkt von der Pressekonferenz an die Kollegen durch. Anstelle dieses Projektes sollen nun vor allem im ländlichen Raum zahlreiche Gleisstrecken ausgebaut werden – vor allem entlang der Franz-Josefs-Bahn erwarten sich die Pendler nun mehr und auch schnellere Züge. Dass ein solches Mammutprojekt nicht ohne Debatten umgesetzt wird, ist klar. Unser Waldviertel-Experte René Denk hörte sich daher immer wieder in der Region um. Sein Fazit: „Der Waldviertler stößt sich nicht an langen Fahrzeiten, allerdings muss hier noch viel passieren, damit die Menschen auf den Zug umsteigen. Derzeit gibt es in den nördlichen Bezirken die höchste Autodichte im ganzen Land." Die Hoffnung liegt jetzt natürlich auf dem Klimaticket.

// NIEDERÖSTERREICH

Traditionsfeier unseres Umwelt-Redakteurs:

Ein Fest der Öko-Freunde

Mit NÖ-Köstlichkeiten wird „Krone"-Herausgeber Dr. Christoph Dichand von Tourismus-Managerin Veronika Harm im Antiquitätenzentrum von Josef Renz in Kreisbach willkommen geheißen. Beim Geburtstagsfest des Umweltredakteurs Mark Perry stoßen Werbeprofi Wolfgang Rosam, Bischof Alois Schwarz, die Lebensmittelchefs Marcel Haraszti (Rewe), Horst Leitner (Hofer) und Freunde auf Öko-Themen an.

Bischof Schwarz (v.r.), Rosam, Renz und Freunde in Kreisbach

Öko-Redakteur Perry, Veronika Harm & Dr. Christoph Dichand

Musikvereine wie die Stadtkapelle Melk geben in ganz Niederösterreich den Rhythmus vor

Große Aktion zur Förderung des Freiwilligenwesens im Land

Vereine und Gemeinden gesucht: „Krone“ sucht Herzensmenschen

Sie machen Niederösterreich lebens- und liebenswert: Die unzähligen Freiwilligen, die in allen 573 Gemeinden des Landes Tag für Tag ihr Bestes geben. Die „Krone“ suchte heuer erstmals mit dem Service Freiwillige der Kulturregion NÖ nach den „Herzensmenschen“ . . .

Vereine, Personen und Gemeinden ins Rampenlicht stellen, das ist das Ziel unserer Herzensmensch-Aktion. Warum, erklärt Redakteur Thomas Werth so: „650.000 Menschen sorgen mit ihrer unentgeltlichen und unermüdlichen Arbeit dafür, dass die Lebensqualität im Land erhöht und der Gemeinschaftssinn gefördert wird. Diese Vereine sind die Keimzelle für Projekte und Ideen.“ Beispiele gibt es viele: Von sozialer Hilfe, der Stadtkapelle Melk, die auch immer wieder zu Benefizkonzerten einlädt, über den „Verein der Freunde des Tierparks Wolfsgraben“, wo Gabriele Wodak und ihr Team vielen Geschöpfen ein angenehmes irdisches Dasein ermöglicht. Eine Initiative, die auch vom Stift Heiligenkreuz den „göttlichen Segen“ erhält. Ihnen allen wurde beim großen Award im November gedankt.

Krone Herzensmensch

UNTERSTÜTZT VON DER INITIATIVE SERVICE Freiwillige KULTUR REGION NIEDERÖSTERREICH

In Gumpoldskirchen im Bezirk Mödling widmet sich der Verein Gumpi mit viel Herzblut der ökologischen Nutzung von Ressourcen. Dazu wird viel gegartelt.

Kommentar

LUKAS LUSETZKY
lukas.lusetzky@kronenzeitung.at

20.000 Vereine als Lebensader

Sie sind die Stützen des öffentlichen Lebens: Mehr als 650.000 Niederösterreicherinnen und Niederösterreicher sind in 20.000 Vereinen unentgeltlich tätig, knapp 100.000 zusätzlich bei den Feuerwehren. Das ist eine enorme Kraft, die das Land weiterbringt und für kulturelle Höhepunkte, Sporterlebnisse, Geborgenheit, Sicherheit und Wertevermittlung steht. Auch im Bereich Altenpflege, Fußball und Kinderbetreuung sind sie nicht wegzudenken. Ich weiß aber auch als Vater zweier Kinder, was Schach- oder Taekwondo-Vereine zum Beispiel bedeuten können: Teamgeist, Anerkennung, Entwicklung, Konzentrationsförderung und schlussendlich Freude, wenn etwas wirklich gut gelungen ist.

Die vielen Helferinnen und Helfer in diesen Vereinen wollen wir, die „Krone“ gemeinsam mit der Initiative „Service Freiwillige“ vor den Vorhang holen. Denn während der Corona-Zeit hat sich gezeigt, dass ohne Vereine und ohne Freiwillige nichts geht.

Ganz wichtig dabei ist das Engagement jedes Einzelnen. Deshalb suchen wir auch Einzelpersonen, die als „Krone Herzensmensch“ ausgezeichnet werden. Jeder von uns kennt sie, die guten Seelen, die weit mehr machen als nötig ist. Zehn von ihnen sollen am 13. November mit dem „Krone Award“ ausgezeichnet werden. Es liegt jetzt auch an Ihnen, liebe Leserinnen und Leser der „Krone“, diese Menschen vor den Vorhang zu bringen. Denn ohne die Freiwilligen wäre unsere Heimat nicht so lebenswert.

Ein Ziel: Alt-Landeschef Erwin Pröll, Medizinstudentin Anna Dinhobl und Landesrat Stephan Pernkopf mit Impfaufruf.

Niederösterreich kämpfte gegen Folgen der Corona-Krise:

„Impfturbo" zündete im Mai

Nach dem Krisenjahr 2020 folgte ein Jahr der Hoffnung und des Aufschwungs – Niederösterreich startete im Mai den Impfturbo, nahm zahlreiche wichtige Hürden bundesweit als erstes Bundesland. Während die Impfbereitschaft anderswo rasch zum Erliegen kam, setzt das Land auf Impfbusse. „Bis Anfang Oktober nutzten 25.000 Landsleute dieses mobile Service", wusste Redakteur Nikolaus Frings zu berichten. Er deckte auch den Fall eines prominenten „Impfdränglers" auf: Ausgerechnet SPÖ-Landesvize Franz Schnabl kam als Samariterbund-Funktionär bereits im Februar zum Stich, als viele noch auf die rettende Immunisierung warteten. Von Impfstoffknappheit war im Herbst freilich nicht mehr die Rede, das Land fuhr indes zahlreiche Kampagnen – auch mit Erwin Pröll.

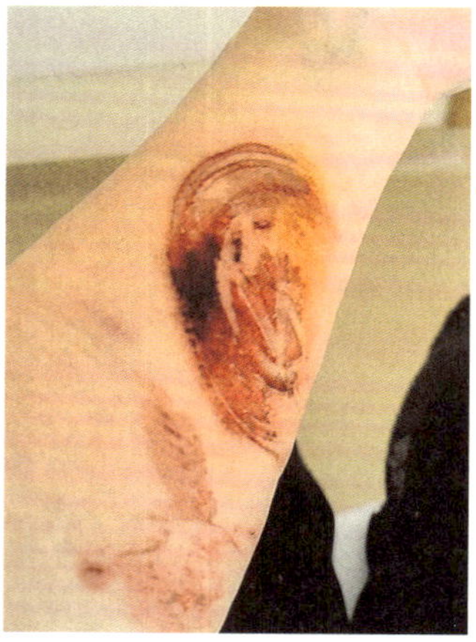

Das VW-Logo hatte sich in den Arm eingebrannt.

Nach Unfall hatte Lenker das Logo am Unterarm:

Bericht über „VW-Tattoo" schlug hohe Wellen bis nach Wolfsburg

Über Verkehrsunfälle wird in der „Krone" tagtäglich berichtet. Ein Lenker aus Melk trug nach einem Crash aber ein unliebsames Andenken am Unterarm: „Der explodierende Airbag dürfte das VW-Logo am Lenkrad derart erhitzt haben, dass es sich in die Haut des Mannes einbrannte", berichtet Josef Poyer. Während der Automobilkonzern beteuerte, dass so etwas eigentlich „technisch unmöglich" sei, meldeten sich weitere Betroffene in der Redaktion. Poyer: „Bereits vor Jahren war es etwa einer Frau aus dem Nordburgenland ähnlich ergangen, sie bekam daraufhin Schmerzensgeld." Techniker in Wolfsburg prüften die Fälle genau.

100 Seiten über die

Helden

Sie kommen immer dann, wenn es brennt, ein Unfall passiert, oder jemand ganz generell Hilfe braucht: die 340.000 freiwilligen und hauptberuflichen Feuerwehrleute. Doch wer sind die Menschen hinter der Uniform? – Die „Krone" widmete den Menschen ein eigenes Magazin.

„Für mich ist das Wichtigste, dass jeder meiner Kameraden immer gesund nach Hause kommt", sagt Rudolf Egger aus Lackenhof im niederösterreichischen Bezirk Scheibbs. Mit seinem stolzen Alter von 106 Jahren weiß er, wovon er spricht, hat unzählige Einsätze gemeistert – heute zählt der Pensionist freilich nicht mehr zur aktiven Truppe. Sein Interesse am Feuerwehrwesen, an neuen Einsatzszenarien und modernen Gerätschaften ist aber ungebrochen. Nur eine Geschichte von vielen, die

BUNDESLAND IN KÜRZE

Exorzismus-Prozess

Wahnsinnstat im Waldviertel: Eine Pflegerin fesselte eine 51-Jährige ans Bett, quälte sie mit Messerstichen. Das Motiv der Rumänin: Teufelsaustreibung! Im Oktober wurde die Täterin wegen Mordversuch verurteilt.

Riesige Explosion

Der wohl größte Rettungseinsatz des Jahres ereignete sich bereits Ende Jänner in Langenzersdorf im Bezirk Korneuburg. Eine große Gasexplosion hatte hier ein Wohnhaus zerstört.

Feuerwehr: Gewissenhaft recherchiert, packend erzählt und eindrucksvoll bebildert

des Alltags im „Krone"-Magazin

die Redaktion unter der Federführung von Josef Poyer und Thomas H. Lauber im ersten Magazin der „NÖ-Krone" erzählt. Auf 100 Seiten widmeten sie sich den Menschen, den Maschinen und den unendlichen Möglichkeiten des Feuerwehrwesens. Spannende Einblicke in die diversen Spezialdienste in luftiger Höhe, auf oder unter Wasser sowie unter Tage finden sich hier ebenso, wie die persönlichen Geschichten von Freiwilligen, die uns erzählten, warum sie ihre Freizeit opfern – und wie sich das traditionelle Motto der Florianis „Gott zur Ehr', dem Nächsten zur Wehr" mit dem modernen Einsatzalltag vereinen lässt.

Ausbildung und Ausrüstung sind so vielfältig wie die Einsätze. „Krone"-Fotograf Imre Antal setzte das Cover stimmig in Szene.

Auch immer mehr Frauen stehen bei der Truppe im Dienst. Für ihre Kameraden sind sie eine wichtige Stütze.

Dubioser Millionen-Deal

Bürgermeister und Gemeindebund-Chef Alfred Riedl (Bild) aus Grafenwörth im Bezirk Tulln soll bei Grundstücksdeals in seinem Heimatort mitverdient haben. Das deckten „Krone" und „profil" in gemeinsamer Recherche auf.

Starnacht begeistert

Nach einem Jahr Pause gastierten internationale Künstler wie Sängerin Simone (Bild) wieder bei der Starnacht aus der Wachau – ein voller Erfolg, der am 16. und 17. September 2022 fortgesetzt wird.

Kommentar

SABINE OBERHAUSER

Zwei Jubiläen

Das jüngste Bundesland Österreichs, die jüngste Redaktion der „Krone“: 2021 galt es gleich zwei Jubiläen zu begehen, die unterschiedlicher nicht sein könnten. 100 Jahre Burgenland, ein Ereignis, das gebührend gefeiert werden musste. Doch just in diesem besonderen Jahr brachte die Pandemie so manchen Veranstalter ins Schwitzen, und stellte so manches Fest in Frage. Aber wie die Burgenländer halt so sind, auch das haben sie mit dem ihnen eigenen Optimismus gemeistert und es war ein wahrer Festreigen der sich von Nord bis Süd quer durch alle Gemeinden zog.

Volksabstimmungen, Aufstände und Diskussionen führten 1921 zur Integration des Burgenlandes in die Republik. Landeshauptstadt hätte Sopron werden sollen, eine Volksabstimmung votierte aber für den Verbleib der historischen Stadt bei Ungarn. Eisenstadt setzte sich 1925 gegen Bad Sauerbrunn durch und wurde Landeshauptstadt.

Seither ist viel passiert. Das Burgenland hat sich vom einstigen Stiefkind Österreichs zur Vorzeigeregion innerhalb der EU entwickelt. Für die Verantwortlichen in der „Krone“ Grund genug, um Ende 2020 eine eigene Redaktion in Eisenstadt zu eröffnen, wo das Motto „Die Krone und ich“ noch intensiver gelebt wird.

Der erste Geburtstag war nun nicht nur Anlass zu feiern, sondern auch, um Pläne für die Zukunft zu schmieden. Denn schon bald dürfen sich die Leser auf noch mehr Berichterstattung aus der Heimat freuen, noch regionaler, noch menschlicher und noch näher dran an unseren Lesern.

Die mächtige Burg Schlaining erstrahlt im heurigen Jubiläumsjahr als e schmucke Festung der Vielfalt, eine Festung auf Zeitreise, wo unsere Zeitgeschichte lebt.

// BURGENLAND

„Krone“-Redaktion vor Schloss Esterhazy: Karl Grammer, Bianca Nastl, Sabine Oberhauser, Christoph Bathelt, (v.l.n.r.) Charlotte Titz ,Christoph Miehl & Carina Lampeter (stehend).

Neben zahlreichen Exponaten aus der Region beeindrucken vor allem historischen Gegenstände und Bilder wie dieses von Schattendorf im Jahre 1927.

Das Burgenland präsentiert sich bei seinem großen Jubiläum von seiner besten Seite:

Ein Land feiert seinen Hunderter

Altes Gemäuer, neue Perspektiven: Burg Schlaining ist nicht nur ein idyllisches Bollwerk des Friedens von internationalem Ruf. Anlässlich des Burgenlandjubiläums präsentiert sich die Festung auch als ehrwürdiges Zuhause einer Jubiläumsausstellung, die viele Herzen verbindet.

Ein Bundesland, ein Jahrhundert, ein Miteinander! „Wir sind 100! Burgenland schreibt Geschichte", lautet der Titel der kulturellen Schau zum 100. Geburtstag des Burgenlandes. „Behutsam renoviert erstrahlt die vor 750 Jahren erstmals urkundlich erwähnte Burg Schlaining", führt „Krone"-Redakteur Karl Grammer durch die Ausstellung.

Landeshauptmann Hans Peter Doskozil mit Lebensgefährtin Julia Jurtschak auf Burg Schlaining flankiert von den beiden Klaviervirtuosen Johannes und Eduard (re.) Kutrowatz.

Parallel dazu lädt im Internet eine digitale Zeitreise. „Alle Burgenländer und all jene, die einen besonderen Bezug zu diesem schönen Fleckchen Erde haben, waren eingeladen, mitzuwirken", so Kurator Oliver Rathkolb, Vorstand am Institut für Zeitgeschichte in Wien. Auf der Online-Plattform **www.wirsind100.at** werden historische Fotos, Postkarten, Briefe und Tagebücher aus Privatarchiven gesammelt. Die vielen bildhaften Erzählungen von Familien und Menschen mit enger Heimatverbundenheit sollen sich Click für Click zum großen Ganzen formen.

„Die bewegten Jahre des Burgenlandes sind trotz aller Krisen eine bemerkenswerte Erfolgsgeschichte", so der Historiker. Für die Gestaltung der Jubiläumsausstellung zeichnet Christof Cremer verantwortlich.

Ebenfalls zu bewundern ist die Sonderausstellung „Von Deutschwestungarn ins Burgenland – Geschichte einer Region (1848-1921)" auf der Burg Güssing, die die Vorgeschichte beleuchtet.

Hoffnungen und Träume wiederum spiegelt die Sonderausstellung „Unsere Amerikaner – Burgenländische Auswanderergeschichten" im Landesmuseum in Eisenstadt wider.

© Aufs engste zusammengepfercht in kleinen Bussen bringen die Schlepper ihre Kunden – zumeist Flüchtlinge aus Afghanistan und Syrien – bis zur grünen Grenze und setzen sie aus. Dort greifen Patrouillen immer wieder in Gemüsefeldern versteckte Illegale auf.

Flüchtlingswelle rollt weiter ➤ 28 Männer in Klein-Lkw ➤ Der Chauffeur entkommt

Zwei Tote bei Schlepperdrama!

Da die Flüchtlingswelle an der Ostgrenze weiter rollt, verstärken Verteidigungsministerin Tanner und Innenminister Nehammer den Grenzschutz! Denn die brutalen Schlepper agieren immer profitgieriger! So stoppen Soldaten bei Pusztadorf einen Klein-Lkw mit 28 (!) Männern auf der Ladefläche – zwei von ihnen ersticken qualvoll.

Drückende Schwüle, angespannte Gesichter und eine surrende Drohne, die bei Nikitsch in die Luft abhebt – das „Krone"-Reporterduo Karl Grammer und Christian Schulter (Fotograf) ist bei einer der verstärkten nächtlichen Grenzpatrouillen an der grünen Grenze zu Ungarn dabei. Kurz vor Mitternacht der erste Erfolg: Das „fliegende Auge der Polizei" – die Drohne – hat einige Migranten aufgespürt.

Vier junge Syrer, von teuer bezahlten Schleppern aus einem überfüllten Fahrzeug in Ungarn ausgesetzt und zu Fuß weiter Richtung Österreich geschickt. Zusammengekauert glauben sie nicht entdeckt zu werden. Alle Burschen tragen einen Rucksack voll mit dem Allernotwendigsten und der falschen Hoffnung auf das versprochene Eldorado im Westen: Gratis-Unterkunft, Arbeit – kurz das Lebensglück.

Um immer mehr Flüchtlinge illegal für Tausende Euro nach Österreich schleusen zu können, arbeiten die Schlepper mit allen Tricks Wie Burgenlands Militärkommandant Gernot Gasser schildert, gibt es sogar ein Zweiklassen-Angebot: Wer 5000 Euro bezahlt wird nach der Grenze per Auto wieder weiter transportiert. Und für „Billig-Flucht-Reisende" geht es eben zu Fuß weiter.

Für einen Kurden und einen Syrer endet die „Reise" am 19. Oktober nahe Siegendorf für immer: Völlig dehydriert ersticken sie qualvoll inmitten von 26 Flüchtlingen auf einer Ladefläche. Der Chauffeur entkommt.

Bevor die Schlepper, sprich Menschenhändler ihre Kunden – zu 92 Prozent junge Männer aus Afghanistan und Syrien – in ihre Autos pferchen, wird noch um den Preis von bis zu 5000 Euro gefeilscht.

Brigadier Gernot Gasser, Burgenlands Militärkommandant

BUNDESLAND IN KÜRZE

➤ Trauer um Top-Kriminalist

Die Exekutive trauert um Gerhard Lang (54), stellvertretender Direktor des Bundeskriminalamtes. Er ist nach einem Herzstillstand völlig überraschen verstorben. Ihm gelang als Stratege die Vernetzung mit Polizeieinheiten am Balkan.

➤ Vogelrastplätze in Gefahr

Im Nationalpark Neusiedler See/Seewinkel droht Gefahr. WWF-Ornithologe Bernhard Kohler schlägt Alarm: „Die Salzlacken, Rastplätze der Zugvögel , sind durch die Entwässerung gefährdet. Eine neue Grundwasserbewirtschaftung muss her!"

Rettungsflug per Heli nach Sturz

Nach einem dramatischen Unfall in Breitenbrunn verdankt ein Arbeiter sein Leben einem Team der ÖAMTC-Flugrettung. Denn nachdem der Mann von einem Hochstand fünf Meter in die Tiefe gestürzt war, klappte die Rettungskette von Rotem Kreuz, Feuerwehr und dem Christophorus-33-Helikopter perfekt. Wegen schwerer Knochenbrüche und einer Rückenverletzung wurde das Opfer ins Spital nach Wr. Neustadt geflogen. „Dieser Einsatz zeigte einmal mehr, wie professionell die Bergungen mittels ÖAMTC-Rettungshubschrauber funktionieren", so „Krone"-Redakteur und Luftfahrt-Experte Patrick Huber.

Volkshilfe-Spendenaktion unterstützt betroffene Familien

Junge Mutter stirbt vor den Augen ihrer beiden Kinder

Mitten aus dem Leben wird eine junge Mutter aus dem Südburgenland gerissen: Emese B. bricht vor den Augen ihrer beiden Söhne zusammen. Der siebenjährige Marcel schlägt zwar noch per Telefon bei einer Tante Alarm. Aber die ganze Kunst der Ärzte kann die 35-jährige Frau nicht mehr retten.

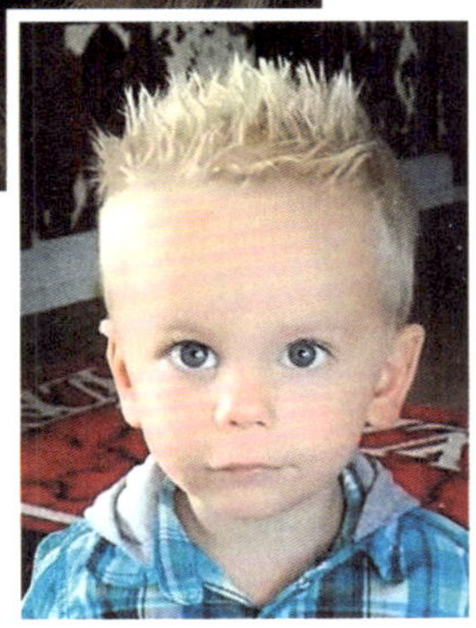

⊙ Herbert B. und seine geliebte, so tragisch und viel zu früh verstorbene Ehefrau Emese. Nun sorgt der Witwer alleine für den kleinen Christian (3) und Marcel (7).

„Das Lachen ist aus den Gesichtern der beiden Buben verschwunden. Zu tief sitzt der Schock, dass die geliebte Mama vor ihren Augen zusammengebrochen ist", so bewegend beschreibt Redaktionsleiterin Sabine Oberhauser die Trauer nach dem Drama.

Die Stelle im Wohnzimmer, wo das Unglück geschah, übt auf die Buben eine magischen Anziehungskraft aus. Hier fühlen sie sich ihrer Mutter nah. Doch eigentlich wollte das Paar mit seinen beiden Buben in einigen Wochen in ein neues Haus ziehen. Nun steht der Witwer, der nicht mehr arbeiten kann, sondern sich um seine Söhne als Papa und Mama kümmert, vor einem großen finanziellen Problem.

Ohne zu zögern, ruft Volkshilfepräsidentin Verena Dunst eine Spendenaktion ins Leben. Gerührt bedankt sich Vater Herbert B. bei allen Spendern.

Eisenstadts jüdisches Erbe

Die Hochblüte des kulturellen Lebens in der Landeshauptstadt spiegelt sich im jüdischen Erbe wider. Mit Beginn der Nazizeit endete aber diese bedeutende Rolle der Juden. Am „Tag der Shoa" wird der Opfer gedacht. Vor allem auf den Friedhöfen der Stadt.

Sonnenkraft als Klimaschutz

Die Energiequelle auf die das Burgenland künftig verstärkt setzen will heißt Sonnenkraft. „Alle reden vom Klimaschutz – wir setzen es um", so Landeshauptmann Hans Peter Doskozil zur aktuellen Marschrichtung punkto erneuerbarer Energien.

Wie kann das passieren? Rekord-Regen Uhrturm-Metropole steht unter Wasser

Jahrhundert-Hochwasser: Land

Der Klimawandel trifft auch die steirische Landeshauptstadt mit voller Wucht der Naturgewalten. Gleich zwei Gewitterzellen mit Rekord-Regen und Hagel toben sich über Graz aus. Die Uhrturm-Metropole steht binnen weniger Minuten unter Wasser, es kommt zu dramatischen Szenen auch mit in ihren Autos eingeschlossenen Lenkern.

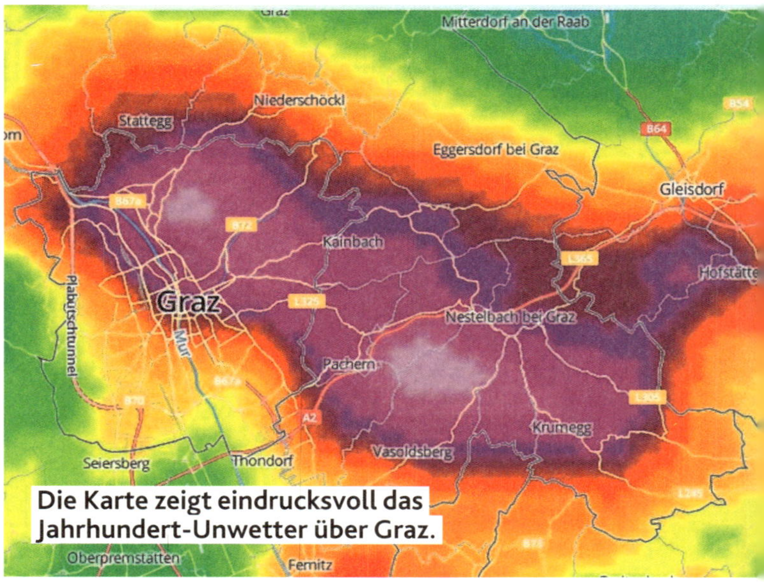

Die Karte zeigt eindrucksvoll das Jahrhundert-Unwetter über Graz.

Das Notruftelefon der Grazer Berufsfeuerwehr schrillt an diesem denkwürdigen 30. Juli pausenlos. „Aus 500 Anrufen entwickelten sich 400 Einsätze“, berichtet der stellvertretende Branddirektor Heimo Krajinz im Gespräch mit der „Steirerkrone“.

Die Lage ist durch Rekord-Regen (bis zu 200 Liter pro Quadratmeter) samt Hagel und Sturmböen mit mehr als 100 km/h hoch dramatisch: wie Streichhölzer geknickte Bäume krachen auf Fahrzeuge und reißen Stromleitungen ab, Dächer werden abgedeckt, Autos versinken mitten in der Stadt in reißenden Fluten. Zehn Personen können noch in letzter Sekunde aus ihren Autos gerettet werden.

Insgesamt versuchen 200 Blaulicht-Kameraden der Lage Herr zu werden. Die Gewalt der Wassermassen erklärt ZAMG-Meteorologe Hannes Rieder eindrücklich: „In drei Stunden fiel etwa bei der Uni so viel Niederschlag wie sonst im gesamten Juli.“ Mehrere Schutzengel haben auch die Bewohner eines Seniorenheims nahe der Mur. Vor dem Gebäude liegen riesige verbeulte Blechteile, die vom Dach auf den Gehsteig und die Straße geschleudert werden – ein vom Blitz gefällter Baum war auf das Dach des Hauses gestürzt.

Alles dreht sich nun um die Schuldfrage. Viele sehen die zunehmende Bauwut kritisch. Experten warnen immer wieder vor Flächenfraß Die Grazer Böden könnten so viel Wasser einfach nicht mehr aufnehmen.

Schutzengel auf dem Weg zum Zeugnis haben 53 Schüler in der Murtalbahn an der Landesgrenze Steiermark/Salzburg. Durch einen entwurzelten Baum springt der Zug aus den Gleisen, der erste Waggon stürzt hinab in die Mur! „Im Zug ist alles herumgeflogen, die ganzen Schulsachen. Danach war alles unter Wasser. Wir standen alle unter Schock und wollten so schnell wie möglich raus“, schildert Schüler Jarik Krainer die dramatischen Momente. Letztlich können alle Teenager mit Hilfe des Schaffners bei einem Ausstieg hinausklettern – 17 Kinder sind verletzt, neun im Spital.

„Steirerkrone“ bei

Stoppt

Das veraltete slowenische Atomkraftwerk in Krško, nur wenige Kilometer von der steirischen Grenze entfernt, soll weitere 22 Jahre in Betrieb bleiben. Die „Krone“ ist beim Lokalaugenschein im Pannen-AKW und ruft alle Steirer auf: Stoppen wir die strahlende Gefahr!

Der Geigerzähler zeigt 0,14 Mikrosievert. „Alles im grünen Bereich, es hat offensichtlich gerade keinen Störfall gegeben“, gibt Reinhard Uhrig, Anti-Atom-Experte von Global 2000 vor dem Stahltor Entwarnung. Die Worte sind wenig beruhigend. Denn das Sicherheitskrisiko des grenznahen Uralt-Meilers, der noch dazu

Menschen in ihren Autos eingeschlossen

unter in Graz!

Eingeschlossen von reißenden Fluten sind auch diese Lenker in ihren Autos. Mit Rekord-Regen kommt auch Hagel-Gewitter (o.).

// STEIERMARK

Lokalaugenschein in der tickenden AKW-Zeitbombe von Krško:

grenznahe Atom-Gefahr

auf einer Erdbebenlinie liegt, nimmt täglich zu.

Beim „Krone"-Lokalaugenschein mit der Umweltschutzorganisation sind die Mienen der AKW-Aufpasser beim Rundgang in der tickenden Zeitbombe ebenso finster wie das Wetter an diesem Tag. Im Herz des Reaktor weichen die Securitys der rot-weiß-roten Delegation nicht von der Seite.

Janko Cerjak, der Chef-Ingenieur des Nuklearrektors versucht die Bedenken zu zerstreuen: „Wir arbeiten ständig an Verbesserungen der Sicherheit, investieren jährlich Millionen dafür."

Trotz immer nervöserer slowenischer Bewacher mit der Hand auf dem Pistolenhalfter darf der heimische Tross noch in den sogenannten Simulationsraum. Die Technikzentrale mit unzähligen Schaltern und Knöpfen, in der neue Operatoren ausgebildet werden, erinnert düster an die Super-GAU-Bilder aus dem in die Luft geflogenen Tschernobyl-Reaktor.

Global-2000-Experte vor dem slowenischen Uralt-Meiler

Steirerblick

OLIVER POKORNY

Wachen wir endlich auf!

Es ist Zeit aufzuwachen. Denn noch kann verhindert werden, dass die Laufzeit des vollkommen veralteten Atomkraftwerks in Krško verlängert wird.

Aufwachen, so wie die deutsche Kanzlerin Angela Merkel. Als „unsinnig" empfand sie einst Debatten um einen Ausstieg aus der radioaktiven Energiegewinnung: „Kernkraftwerke sind technisch sicher", urteilte die gelernte Physikerin. Dann sah sie die Bilder des explodierenden Atomkraftwerks Fukushima in Japan vor zehn Jahren. Innerhalb von nur drei Monaten ließ Merkel acht AKW-Blöcke abschalten und setzte durch, dass Deutschland bis Ende 2022 komplett aus der Kernkraft aussteigt.

Ein Aufwachmoment, den die steirische Politspitze bislang nie hatte. Landeshauptmann Hermann Schützenhöfer (ÖVP) taucht in den Archiven im Zusammenhang mit dem Schrott-Reaktor in Krško nur ein einziges Mal auf: Nach einem Treffen mit dem slowenischen Außenminister vor vier Jahren zeigte er sich wörtlich „erfreut", dass unser südlicher Nachbar eine grenzüberschreitende Umweltverträglichkeitsprüfung zur Laufzeitverlängerung des AKW unterstützen will. Freude statt Widerstand.

Da seitens der Politik keine Hilfe im Kampf gegen den AKW-Wahnsinn zu erwarten ist, muss die Bevölkerung Druck machen. Liebe Steirerinnen und Steirer, wachen wir endlich auf!

Chefredakteur der „Steirerkrone"

Mega-Affäre erschütterte vor 40 Jahren die Republik:

Jahrhundert-Skandal um Noricum-Waffengeschäfte

Vor 40 Jahren erschütterte ein Polit-Erdbeben die Republik: Eine Waffenschmiede aus Liezen verkaufte illegal Kanonen in das Ausland. Die Verstrickungen reichten bis in höchste Kreise. Rund um die hochgehende Noricum-Enthüllungsbombe gab es damals bis heute ungeklärte mysteriöse Todesfälle.

Eine Kanone. Hundert Millionen alte Schillinge und rätselhafte Todesfälle (am bekanntesten Wohl das mysteriöse Ableben des ehemaligen Verteidigungsministers und Waffen-Lobbyisten Karl Lütgendorf durch einen Schuss in den Kopf im Auto): Das sind die pikanten Zutaten eines unglaublichen Jahrhundert-Skandals, der auch nach vier Jahrzehnten viele Fragen offen lässt.

Die Noricum-Affäre um dubiose Waffen-Deals mit Irak und Iran erschütterte nicht nur das Vertrauen in unser politisches System mit deren Spitzen auf der Anklagebank – wie Fred Sinowatz, Leopold Gratz und der als einziger wegen Urkundenfälschung verurteilte Ex-Innenminister Karl Blecha. Sie beschleunigte rasant auch den Niedergang der verstaatlichen Industrie. Letztlich kostete die Mega-Affäre auch Tausende Arbeitsplätze.

Mittlerweile floriert auf dem damaligen Standort ein international gefragter heimischer Vorzeige-Betrieb für Bahnprodukte.

Als die Noricum-Bombe hochging, gab es rund um Mitwisser und Kronzeugen wie Minister Karl Lütgendorf (u.), mysteriöse Todesfälle.

Krone KREATIV | Foto: ORF, z.V.g.

Grazer ÖVP nach „Elke“

Die Kommunisten regieren in der Grünen Mark! Weltweit beachtet, holt sich bei der Wahl in Graz die KPÖ-Chefin Elke Kahr den ersten Platz in der steirischen Landeshauptstadt. ÖVP-Bürgermeister Siegfried Nagl „zieht meine schützende Hand zurück“ und geht in die Polit-Pension.

Mit diesem Ergebnis hat im Vorfeld trotz des in Graz seit Jahren traditionell guten Bodens für die KPÖ keine Umfrageprognose gerechnet. Während die ÖVP in der Uhrturm-Metropole in Prozent zweistellig abstürzt, macht fast jeder drit-

BUNDESLAND IN KÜRZE

Heer übernimmt Pflegeheim

Nach 39 Corona-Fällen unter den Bewohnern eines Pflegeheim im steirischen Bezirk Bruck-Mürzzuschlag übernimmt das heimischen Bundesheer für einige Zeit die Betreuung der Senioren. Der ABC-Schutztrupp muss zuvor das gesamt Gebäude in einer Operation desinfizieren.

Hacker-Alarm im Grazer Schlossberg-Stollen: Am Ticket-Schalter, der sonst Fahrkarten auswirft, läuft plötzlich auf dem Bildschirm, der sonst die Liftpreise anzeigt, ein Sex-Film. Die Holding der Landeshauptstadt bestätigt den pikanten Vorfall – ein unbekannter Täter habe ein Konfigurationsproblem der Software ausgenützt.

Eisenerz stöhnt unter einer Fliegenplage: Die Bevölkerung der knapp 4000 Einwohner zählenden steirischen Gemeinde wird von Hunderttausenden Insekten heimgesucht. Der Ursprung dieser tierischen Invasion dürfte ein moderner Schrott-Aufbereitungsbetrieb – im Bild zeigt eine Anrainerin auf das Unternehmen – sein.

dunkelrotem Wahl-Triumph im Jammertal ▸ KPÖ-Chefin löst Langzeit-Bürgermeister ab:

schickt Nagl in die Polit-Pension

◂ Der eine ist geschockt, die andere überrascht: Langzeit-Bürgermeister Siegfried Nagl und KPÖ-Chefin Elke Kahr.

te Grazer in der Wahlurne sein Kreuz bei den Kommunisten – ein dunkelrotes Polit-Erdbeben . . .

Am Wahlabend sind sowohl der nach mehr als 18 Jahren gestürzte Langzeit-Bürgermeister wie auch die kommende Stadtchefin über das Ergebnis sichtlich geschockt bzw. überrascht. Siegfried Nagl (58) zieht jedenfalls nach dem Debakel mit seinem Rücktritt sofort die Konsequenzen. Beim Parteivorstand 48 Stunden nach dem „schmerzvollen Tag für die Grazer ÖVP“ wird Kurt Hohensinner einstimmig zu seinem Nachfolger bestimmt.

Elke Kahr, die 60-jährige „nette Marxistin von nebenan“, hat nicht zuletzt mit der Wohnungsproblematik durch die steigenden Mieten und immer einem offenen Ohr für die Sorgen und Nöte ihrer Mitmenschen gepunktet.

Wie sich die bisherige Stadträtin freilich als kommende Bürgermeisterin bei der Umsetzung ihrer äußerst umstrittenen kommunistischen Ideen im harten politischen Alltag an der Mur tut, bleibt abzuwarten.

▸ In Schule fast erwürgt

Riesige Empörung nach den „Krone“-Enthüllungen über Vorfälle in der Grazer Volksschule Geidorf: Drei Buben haben ihren gleichaltrigen Mitschüler während des Unterrichts beinahe erwürgt.

▸ Tödlicher Überfall

Bei einem gescheiterten Raubüberfall in Graz wird ein 19-Jähriger erstochen. Als Tatverdächtige werden von den Ermittlern zwei Jugendliche im Alter von 15 und 18 Jahren festgenommen.

▸ Notruf-Affäre: Strafe

Der „Wadl virrerichten“-Sager des steirischen Vize-Polizeidirektors Alexander Gaisch am Polizei-Notruf endet mit einer Diversion im Strafverfahren. Zudem erhält er eine disziplinäre Geldbuße.

HANNES MÖSSLACHER

Kärnthema

Kärnten, quo vadis?

Freilich, wir haben keine leichten Zeiten hinter uns: Lange Lockdowns in Hotellerie und Gastronomie, gesellschaftliche Enthaltsamkeit, Kurzarbeit.

Doch das, was wir in Kärnten – oder zumindest weiten Teilen vom Zentralraum bis in die Schutzzonen der Nockberge – jetzt erlebt haben, wirkt dann doch trotz all der Euphorie für Feiern bis zum „Sau rauslassen" nicht nur wie eine neue Plage, sondern vor allem auch wie aus der Zeit gefallen.

Da diskutieren mittlerweile zum Glück weite Teile der Welt über Maßnahmen zum Schutz des Klimas, weil es längst eins vor zwölf ist; da beschließt die EU härteste Pläne für nachhaltige Energie; da gibt sich Österreich gern als Bio-Land, und Kärnten sieht sich geradezu als Paradies für Entschleunigung und Naturverbundenheit. Und dann passieren das Harley-Treffen und der GTI-Wahnsinn. Wo es nur um ohrenbetäubenden Lärm und vermeintlichen Spaß geht, wo kein Teilnehmer an Anrainer, geschweige denn die Umwelt seiner Enkel denkt; wo rein zum Vergnügen Sprit verbrannt und Reifen zum Qualmen gebracht werden. Und zu wenige sagen: „Leute, was soll das? Das wollen wir nicht!" Man hört stattdessen sogar: „Was soll's? Die Betten sind voll . . . "

Jetzt, nach diesem verrückten Saisonfinale, ist es Zeit, sich die Fragen zu stellen: Wollen wir das wirklich? Ist das die Zukunft Kärntens? Was soll man über uns sagen? Eines der schönsten Länder der Welt? Ein Platz, um Ruhe und Erholung zu finden? Oder ein Tollhaus, ein Tummelplatz für Benzinbrüder, Lärmbolzen, Raser, PS-Verrückte?

Wir müssen uns entscheiden. Die Politik muss sich entscheiden. Jetzt.

Bewohner in Kärntner Gemeinden haben

GTI-Wahnsinn

// KÄRNTEN

Der gespendete Kärntner Tanklöschwagen vor dem Rüsthaus und neben einem Oldtimer-Feuerwehrauto in Fojnica.

Ausgemusterter Löschwagen als Ersatz für „Floriani-Oldtimer"

Hilfe für Feuerwehr in Bosnien

Da die Feuerwehr im bosnischen Fojnica nur mit zwei Feuerwehr-Oldtimern aus dem Jahr 1980 zu ihren Löscheinsätzen ausrücken kann, helfen Kärntner Kameraden, die von diesem Manko erfahren haben, mit einer rührenden Aktion. „Der Ferlacher Feuerwehrmann Ervin Hukarevic organisiert unkompliziert Hilfe", berichtet „Krone"-Redakteurin Manuela Karner von der unbürokratischen Nachbarschaftsaktion. Konkret spendet die Feuerwehr Bad Kleinkirchheim ein ausgemustertes Tanklöschfahrzeug. Der Lkw wird in Bosnien mit Riesenfreude entgegengenommen.

Start in den Radherbst! Nach einem Jahr Pause kann am 26. September bei der 24. Auflage von „Wörthersee autofrei" wieder rund um das Naturjuwel geradelt und geskated werden. Gleichsam als sportliches Kontrastprogramm zum GTI-Wahnsinn und Harley-Ärger. Zudem sorgt ein buntes Rahmenangebot rund um den See für Abwechslung. Ebenso im Herbst lädt die „Krone" beim 16. Radler-& Skater-Erlebnistag zum autofreien Genuss-Biken am Ossiacher See. Auch hier bemühen sich Partner, Vereine und Gastronome um ein unvergessliches Sonntagsvergnügen.

genug von Lärm, Stau und Straßensperren: „Es herrscht wochenlang Ausnahmezustand."

& Harley-Treffen als Ärgernis!

Bei den Bewohnern von Rosegg und in den Nachbargemeinden liegen die Nerven blank. Sie werden im September drei Wochen lang von Harley-Fahrern und GTI-Fans regelrecht überrollt. Das Fass zum Überlaufen bringen schließlich zusätzliche Straßensperren für den Ironman. Die Bürger: „Drei Wochen Ausnahmezustand sind genug!"

„Die Harleys waren laut, der GTI-Lärm war unerträglich. Und nach dem Wochenende sah Rosegg aus wie eine riesige Müllinsel", klagt Landwirtin Eveline Robitsch im Interview mit dem „Krone"-Reporterduo Peter Kleinrath und Hermann Sobe. Sie wurde auf ihrem Grundstück von GTI-Fans angepöbelt, beschimpft und gar gerempelt.

Der betagte Pensionist Fritz Valant (86) hat bisher alle Treffen der Motor-Fans miterlebt und sagt: „So schlimm wie heuer war es noch nie. Ich bin als Jäger einiges gewohnt. Doch an die Knallerei der GTIs kommt kein Gewehr heran." Wegen des Kolonnenverkehrs hatten er und seine Frau Probleme, die Straße zu queren.

„Schärfere Kontrollen könnte man schon durchführen", meint Andreas Kapelari und spricht aus, was sich viele der Betroffenen wünschen.

Zu diesen zählt auch Bürgermeister Franz Richau. Er nimmt den Frust seiner Bevölkerung ernst: „Drei Wochen lang sind elendslange Autokolonnen und Biker-Stafetten durch Rosegg gerollt. Deshalb fordere ich für unser Ortsgebiet sowie für St. Martin, Frojach und den Selpritscher Hügel eine ausgeweitete 50er-Beschränkung. Und Lärmmessungen dieser absichtlichen Fehlzündungen!"

Zudem wünscht sich der Kärntner Ortsvorsteher weitere Kontrollen wie etwa eine genaue Überprüfung der geltenden Corona-Regeln.

Die Gemeinde Rosegg, zwischen Wörther- und Faaker See gelegen, wird heuer von GTI-Fans und Harley-Bikern gleichsam überrollt. Aber auch Anrainer in Velden und im Großraum Villach klagen über den durch die Großveranstaltungen ausgelösten Lärm und die Staus.

Superspürnase Tao findet vermisste Hündin nach langwieriger Suche! Elf Tage lang hängt Münsterländerhündin Ilvy (Bd. re.) in einem steilen Waldstück bei Schiefling fest. Sie hatte sich bei der Wildnachsuche im Gestrüpp mit einer Leine verheddert", so Redakteurin Claudia Fischer, „Besitzer Jörg Wresnik hatte die Hoffnung schon aufgegeben". Doch Bluthund Tao von der K9 Pro Vermisstensuche, im Bild mit Frauerl Alexandra Grunow, schafft das berührende Tierwunder.

Geretteter Patient bedankt sich bei Prof. Mittermair & OA Kohlmaier.

Medizinische Meisterleistung von Klagenfurter Ärzten

Chirurgen befreien Kärntner (74) von bedrohlichem Halbkilo-Kropf

Wegen Atemnot begibt sich der Kärntner Erwin Fritzer (74) in medizinische Behandlung. Eine deutliche Überfunktion seiner Schilddrüse wird diagnostiziert. Und: Ein 500 Gramm schwerer Kropf drückt auf seine Luftröhre!

Ein Schock für den Patienten. „Doch die Mediziner geben nicht auf: Fritzer wird ins Klinikum Klagenfurt zur Abteilung für Allgemein- und Viszeralchirurgie überwiesen", berichtet Redakteur Alexander Schwab. Primarius Prof. Reinhard Mittermair und seinem Team gelingt mit Oberarzt Bertwin Kohlmaier die rettende OP!

Meister Isegrim taucht auf Würmlacher

Jäger schießt

„Ich dachte nicht eine Sekunde ans Schießen!", so bringt der erfahrene Weidmann Stefan Hofer sein wohl ungewöhnlichstes „Jagderlebnis" auf den Punkt. Anstatt auf Meister Isegrim zu feuern, machte er mit seiner Kamera einen „Natur-Schnappschuss".

„Ob genau dieser Wolf der Böse ist, der heuer nach zahlreichen Rissen von Schafen auf Gailtaler Almen zum Abschuss frei gegeben war, ist unklar", erinnert „Krone"-Redakteur Hannes Wallner an die offene Problematik rund um das gefährliche Raubtier.

Die Explosion richtete enormen Schaden an.

Bankomat in Luft gejagt

Das erste Mal seit zwei Jahren wird in Kärnten wieder ein Bankomat gesprengt! In Mittlern bei Eberndorf jagten drei Täter einen Geldautomaten mitten in einem bewohnten Gebiet in die Luft. Der Sachschaden, den die ohrenbetäubende Explosion anrichtet, ist enorm. Obwohl die Polizei sofort eine Großfahndung einleitet, fehlt von dem Panzerknacker-Trio, das mit einem dunklen Fiat 500 geflohen sein dürfte, vorerst jede Spur.

Ein Bild des Grauens: Wrack vor Betonmauer

BUNDESLAND IN KÜRZE

Polizist klagt Hunderte

Ein 32-jähriger Kärntner Polizist, der bei einer Anti-Corona-Demo in Innsbruck gefilmt wurde, klagt 1500 Facebook-Nutzer, die gegen ihn derbe Beschuldigungen und Hasskommentare posteten.

1. Podcast-Sendung

Diese Nachricht geht an alle Sportfans, Amateure, Profis, Vereine, Manager – einfach an alle, in deren Leben Sport eine Rolle spielt. Die „Kärntner Krone" präsentiert ihren 1. Podcast!

Alm auf ➜ Weidmann hatte Tier im Fotovisier

Wolf mit Kamera

Objektiv berichtet er vom spektakulären Foto-Jagderlebnis Hofers. „Ich war auf Gamsjagd in den Karnischen Alpen, als gegen sechs Uhr früh der Wolf auftauchte“, so der Waidmann, „dann hab’ ich den Ruf eines Kitzes nachgeahmt und der Wolf kam direkt auf mich zu, blieb acht Meter vor mir stehen. Ein lässiges Erlebnis“, so der Kamera-Jäger. Ein Abknallen des Wolfes kam ihm nicht in den Sinn, da die Abschussbewilligung dort nicht gegolten hätte.

Bezirksjägermeister Bruno Maurer dazu: „Eine Bejagung des Großraubwildes steht aus gutem Grund nicht im Fokus der Jägerschaft.“

⊙ Bild des vom Jäger aus acht Metern Entfernung fotografierten Wolfes. So rührig die Geschichte auch klingt, die Problematik rund um das Großraubtier bleibt ein Konfliktthema.

2 Tote bei Frontal-Crash

Auf der Heimfahrt von ihrer Arbeit in Niederösterreich verunglücken Anfang März drei junge Kärntner in den frühen Morgenstunden. Das Auto des Trios kommt am Klagenfurter Südring von der Fahrbahn ab und kracht nahezu ungebremst gegen eine Betonmauer. Für zwei Insassen, 18 und 19 Jahre alt, kommt jede Hilfe zu spät. Sie sterben noch am Unglücksort. Der dritte Insasse (19) wird ins Klagenfurter Spital eingeliefert.

Der Wahlkärntner hielt die Stimmung auf der Wiesen fest.

Erinnerungen zum 40.Todestag des Künstlers

„Bleiburger Wiesenmarkt als Bergs Lieblingsmotiv“

Am 7. September jährte sich der Todestag des Künstlers Werner Berg zum 40. Mal. „Krone“-Redakteurin Gerlinde Schager erinnert sich mit Enkel Harald Scheicher an den „stillen Marktbetrachter“.

„Schausteller, laute Budenbesitzer, stille Trinker, gelangweilte Kegelbuben, verliebte Paar in Jahrmarktszelten: Das rege Treiben auf der Bleiburger Wiesen hatte es dem gebürtigen Wuppertaler Werner Berg angetan; 50 Jahre lang“, so die treffliche Beschreibung der Lieblingsthemen des Künstlers.

„Meinem Großvater bereitete es eine Riesenfreude in anregende Bildwelten wie die von Marktfahrern einzutauchen“, so Enkel Harald Scheicher, Arzt und ebenfalls Maler.

Berg hinter Enkelin Helga

➜ Waldrapp geschossen

Schwerer Rückschlag für die Kärntner Waldrapp-Schützer. Das 2020 im Tierpark Rosegg aufgewachsene und geschützte Weibchen Dieks wird in der Toskana illegal abgeschossen, als es Artgenossen in das italienische Wintergebiet folgte.

➜ Danke für große Hilfe!

Seit Jahren leidet die 25-jährige Petra Lagger an einer unbekannten Krankheit. Deshalb unterstützen nun „Krone“-Leser die junge Frau mit Spenden. Die Tresbesingerin ist überwältigt und dankt den Spendern für die Hilfe.

➜ Von Lawine verschüttet

Beim Spitzkogel im Lesachtal werden Tourengeher aus Hermagor von einem Schneebrett verschüttet. Der Ehemann (68) befreit sich aus den Schneemassen und birgt seine Frau (55) – Rettungsflug!

Auf den Punkt gebracht

ALEXANDRA HALOUSKA

Fragwürdiger Sieg

Wer ist Joachim Aigner und wofür steht MFG eigentlich? Diese Frage stellten sich am Sonntag wohl einige Oberösterreicher. Mancher wird den Spitzenkandidaten gegoogelt haben, oder was MFG bedeutet, nämlich Menschen, Freiheit, Grundrechte. Vor der Wahl fiel die Liste mit brachialen Anti-Corona-Parolen auf, andere Themen gingen unter. Was bleibt, ist die Frage: Womit will eine Liste, die ihren Sieg einer Pandemie verdankt, in den Jahren danach punkten?

Für ÖVP und FPÖ ist das Ergebnis, auch wenn ihr Bündnis wohl für weitere sechs Jahre bestehen bleibt, zumindest ein Denkzettel. Herbert Kickls Anti-Impfkurs wurde für Manfred Haimbuchner nicht zum erhofften Turbo, selbst wenn das Ergebnis nach Tiefpunkten wie Ibiza passabel bleibt. Die ÖVP, die zuletzt mit hartem Migrationskurs auf Stimmenfang ging, knackte ihr Ziel von 40% nicht; vielleicht hat sie ihr christlich-soziales Erbe etwas zu sehr vernachlässigt. Die SPÖ kommt aus ihrem Tiefststand kaum heraus und muss sich Gedanken um Führungspersonal und Themen machen. Die Grünen holten zu wenig Rückenwind aus der Klimakrise. Für die Neos klappt der Einzug gerade mal so: keine gute Basis für eine wirksame Oppositionspolitik.

Am Ende des Tages geht MFG also als kleiner Sieger zwischen den großen Etablierten hervor. Aber die Frage ist: Macht das die Oberösterreicher wirklich nachhaltig zu Gewinnern?

Alexandra Halouska

Chefredakteurin „OÖ-Krone"

Analysieren: Geschäftsführender „Krone"-Chefredakteur Klaus Herrmann, Puls4-Lady Corinna Milborn und Alt-Landeshauptmann Josef Pühringer.

Die sechs Jahre, die nun vor uns liegen, werden sehr herausfordernd werden. Schwierige Zeiten sind keine Zeiten, wo man um Mehrheiten zittern muss

OÖ-Landeshauptmann Thomas Stelzer

Kanzler Kurz mit Stelzer: Gebannte Blicke auf die TV-Bildschirme bei der Veröffentlichung der ersten Ergebnisse des Wahltages.

Impf-Skeptiker überraschen am Wahlabend ÖVP-Chef

Corona „infiziert" die

Die Landtagswahlen in Oberösterreich sind geschlagen – und es gibt einige Überraschungen. Corona „infiziert" die politische Landschaft. Während ÖVP-Chef Stelzer leicht dazu gewinnt, verliert die FPÖ stark. Die Roten im Industrieland verharren am Fleck, die Grünen steigen – und die Impfskeptiker werden in den Landtag gespült. Eines bleibt freilich gleich: türkis-blau regiert weiter. . .

Auf dem Weg zu einer weiteren politischen Partnerschaft für sechs Jahre in der Politik: Oberösterreichs Landeshauptmann Thomas Stelzer und FPÖ-Chef Haimbuchner.

// OBERÖSTERREICH

Jubel bei den Überraschungssiegern: Die Impf-Skeptiker-Partei schafft aus dem Stand auf mehr als sechs Prozent.

Das Kreuz mit dem Kreuz: Gerstorfer

Stelzer macht mit einer stark geschwächten FPÖ weiter:

politische Landschaft

Trotz starker Verwerfungen bleibt alles gleich – so könnte man den Urnengang am 26. September in Oberösterreich zusammenfassen. Denn der – auch wenn das Plus nur klein ist – mit 37,7 Prozent gestärkte ÖVP-Chef Thomas Stelzer (54) geht in seiner zweiten Amtsperiode wieder ein Bündnis mit den im Gegenzug stark geschwächten Freiheitlichen ein.

Der nach seinem coronabedingten Aufenthalt in der Intensivstation wiedergenesene FPÖ-Chef Manfred Haimbuchner stürzt mit seiner Partei sogar zweistellig auf unter 20 Prozent ab. Die Blauen liegen aber damit noch immer mit etwas mehr als ein Prozent vor den Sozialdemokraten, die mit ihrer zwar sympathischen, aber eher blassen Spitzenkandidatin Birgit Gerstorfer (58) im einstigen roten Industrie-Kernland einfach nicht in die Gänge kommen.

Obwohl die Grünen unter dem jungen Frontmann Stefan Kaineder (36) mit 12 Prozent ihr historisch bestes Ergebnis einfahren, kommt die Öko-Partei nach Ex-Gesundheitsminister Rudolf Anschober nicht in die Regierung. Eine Zusammenarbeit schließt die Volkspartei nämlich aus.

Für den neuen und alten Landeshauptmann Thomas Stelzer ist die nur knappe Mehrheit zu riskant. Man sei angesichts von Corona in der Vergangenheit auch oft im Landtag nicht vollzählig gewesen.

Während die NEOS stundenlang zittern müssen, um doch noch über die magische 4-Prozent-Marke zu klettern, gibt es am Wahlabend in Oberösterreich aber eigentlich nur eine Überraschung: die Impfskeptiker-Partei „Menschen Freiheit Grundrechte" (MFG).

Die umstrittene Bewegung fischt fleißig im Wählerpool der Politik-Verdrossenen und schafft auf Anhieb mehr als sechs Prozent. Nach dem Erfolg will Parteichef Joachim Aigner („Ich bin kein Corona-Leugner") in ganz Österreich antreten, um Proteststimmen einzusammeln.

Nachdenklich: Grünen-Chef Kaineder

Eines der schrägen Motive aus dem Linzer Werbevideo

Clip sorgt für Aufregung ▸ Tourismus-Chef:

„Wollen ja nicht, dass die Linzer nach Linz kommen“

Die einen finden den kurzen Film fürchterlich, die anderen furchtbar lustig: Das neue Werbevideo „Linz ist Linz“ des städtischen Tourismusverbandes spaltet die öffentliche Meinung und sorgt für Gesprächsstoff.

Tourismusdirektor Georg Steiner freut sich jedenfalls über die Aufregung, hofft, dass sich ein touristischer Erfolg entwickelt und meint trocken: „Wir wollen ja nicht erreichen, dass die Linzer nach Linz kommen.“

Der 2 Minuten 50 Sekunden lange Film sorgt jedenfalls für ordentlich Gesprächsstoff. Steiner weiter: „Viele wollen eine heile Welt: Touristen, Politiker und die Einheimischen. Und wenn man diese heile Welt etwas augenzwinkernd hinterfragt, dann wird es richtig hart. Aber dieser Film, diese Kampagne, ist eine Liebeserklärung an unsere Stadt.“

Unfassbare Tragödie in Linzer Wohnung

Mutter verblutet

Was für eine Tragödie! Ein 34-jähriger Linzer fand in der Nacht seine tote Frau (32) im Schlafzimmer. Neben ihr lag auf der blutigen Matratze ein Neugeborenes - seine Tochter. Die dreifache Mutter hatte das Baby alleine bekommen, war dabei verblutet.

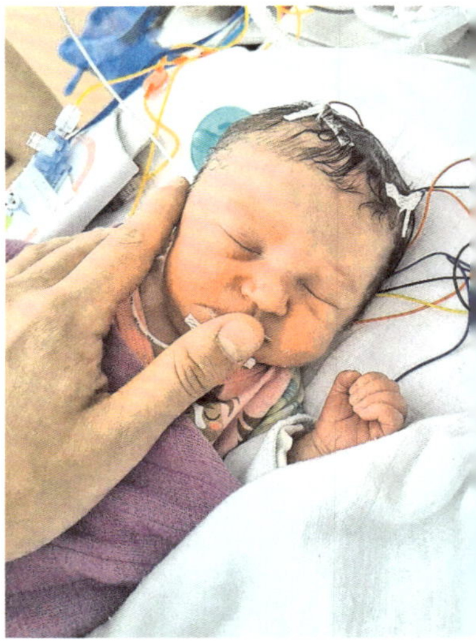

Das erste Bild des Babys in der Linzer Kinderklinik.

„Ich hab das Ganze noch nicht realisiert. Wir machen weiter, einen Tag nach dem anderen“ – Manuel G. ringt mit Tränen, als er in der kleinen Wohnung in Linz ins Schlafzimmer geht, wo er seine Susi und das Baby fand.

„Ihr ging’s den ganzen Tag schlecht, sie dachte, sie hätte Darmgrippe“, erzählt der 34-Jährige, der erst kürzlich das Hochbett für sich und seine Frau aufgestellt hatte. Die 32-Jährige hatte sich Stunden vor der Tragödie darunter auf eine Matratze gelegt, wollte sich auskurieren. „Ich hab noch

Hagelsturm tobt im Innviertel

Ein kurzzeitiges, aber heftiges Hagelunwetter zieht über das Innviertel und richtet teilweise großen Schaden an. Die Hagelkörner bedecken Fluren und Äcker. 2300 Feuerwehrleute sind stundenlang im Einsatz.

BUNDESLAND IN KÜRZE

Sturz von Hochstand

Schock und Trauer in Mattighofen. Ein 19-Jähriger stürzt mit dem Kopf voran von einem Hochstand in der Nachbargemeinde Pfaffstätt. Die Obduktion ergibt Genick- und Schädelbasisbruch als Todesursache.

Jüngste Ortschefin

Mit 25 ist sie die jüngste Bürgermeisterin Österreichs: Die erst 25-jährige Nicole Zehetner-Grasl von der ÖVP setzt sich bei der Stichwahl in Hofkirchen im Traunkreis durch.

Die Schwangerschaft blieb unbemerkt:

bei Heimgeburt

Manuel G. mit seiner großen Liebe Susanne (32 †)

einmal nach Susi gesehen, und sie meinte, ich brauch' nicht andauernd kommen, es wird schon", erinnert sich der OP-Assistent. Dass seine Jugendliebe, die er seit ihrem 14. Lebensjahr kennt, zum dritten Mal schwanger sein könnte, war kein Thema.

„Sie hatte ein bisschen zugenommen in letzter Zeit, da haben wir uns nichts gedacht", erzählt Manuel. Irgendwann gegen 22 Uhr war er auf der Couch eingeschlafen, nebenan seine Frau. Als der 34-Jährige gegen 1 Uhr aufwachte, wollte er nach den Kindern sehen, hörte ein Wimmern.

„Ich bin ins Schlafzimmer und da lag das Baby. Neben ihm meine Frau." Martin G. weiter: „Der große Bruder meint, wir sollen die Kleine Susi nennen, als Andenken an die Mama. Ich hätte auch an Hope gedacht. Hoffnung, dass alles gut wird . . ."

Die neue Donaubrücke ist auch ein Volksspektakel

Prunkstück von Linz ab Spätsommer befahrbar:

Die neue Donaubrücke ist 2800 Tonnen schwer

Was lange währt, wird endlich gut! So könnte man die neue Eisenbahnbrücke in Linz nach dreijähriger Bauzeit in Kurzform beschreiben. Das neue Prunkstück über die Donau ist 2800 Tonnen schwer.

Der Vorgänger des beeindruckenden Tragwerks, die nostalgisch benannte „Eiserne Lady", wurde nach einer Volksabstimmung mit 68 Prozent Ja-Stimmen fast 115 Jahre nach der Eröffnung 2016 abgerissen.

Schon das Einschwimmen des letztlich 2800 Tonnen schweren und 15 Meter hohen Stahlkoloss ist ein Spektakel. Die Brücke ist stolze 396 Meter lang, 33,7 Meter breit und besteht aus drei Pfeilern. Die Gesamtkosten für die Querung des Stroms betragen rund 90 Millionen Euro. Ab Spätsommer können schon Autos über die neue Donaubrücke fahren.

Vorwürfe gegen Stadtrat

Der für Jugend und Freizeit zuständige SPÖ-Stadtrat von Traun tritt nach strafrechtlichen Vorwürfen, mehrere Personen mit pornografischen Aufnahmen erpresst zu haben, zurück – und auch aus der Partei aus.

Gerichtsprozess gegen Bürgermeister

Kurz nach seiner Wiederwahl zum schwarzen Bürgermeister von Scharten muss Jürgen Höckner schon zurücktreten. Denn der Politiker wird im Landesgericht Wels wegen dreifacher Vergewaltigung einer früheren Mitarbeiterin – nicht rechtskräftig – zu siebeneinhalb Jahren Haft verurteilt. „Ich habe keine einzige dieser Taten begangen", so seine erste Reaktion.

Nacht Kritik

HEINZ SICHROVSKY

Kein Meisterstück

Dass „Jedermann" ein bescheiden geglücktes Stück ist, hat seit Karl Kraus fast jeder Kritiker festgestellt. Muss, wie diesmal, das talmi-patinierte Läuterungsdrama dem Unwetter vom Domplatz ins Haus weichen, verliert es den Existenzberechtigungsnachweis. Aber immer retten es die Schauspieler. Diesmal Lars Eidinger und Edith Clever.

Welch eine Karriere Michael Sturmingers Inszenierung hinter sich hat! 2017 nach internen Zerwürfnissen binnen Wochen als Notprogramm auf den Domplatz gehudelt, gewann sie über die Jahre an Profil. Und nun legt der Regisseur, der für die Aufgabe seine Intendanz in Perchtoldsdorf ruhend gestellt hat, anlässlich einer fundamentalen Umbesetzung eine komplette Neuinszenierung vor. Besser, er hätte die alte gelassen, denn er übernimmt sich mit flachen Collagen, gymnastischem Slapstick, mäßiger Textarbeit und unvorteilhafter Transgender-Adjustierung. Statt über die Robe der Buhlschaft diskutierte man diesmal lang über deren Kurzhaarschnitt. Dass hier doch einige Szenen lang starkes Theater stattfindet, ist das Verdienst herausragender Schauspieler. Lars Eidinger vor allem, ein präziser Auratiker und disziplinierter Exzentriker. Er hat große Momente im Dialog mit Edith Clever, die unvergesslich den Tod verkörpert. Ansonsten ist das Resultat durchwachsen. Der Teufel der fabulösen Komödiantin Mavie Hörbiger wirkt von der Regie alleingelassen, man hatte sich da mehr erwartet. Und Verena Altenbergers Buhlschaft scheint auf pompöse Couture und eine Tanzeinlage reduziert. Der feministische Durchbruch sieht anders aus, eine wirkliche Neuinszenierung wäre jetzt gefragt.

Diesmal viel Frauenpower bei den Salzburger Festspielen

Bei Jedermann hat die

Ob's jedermann oder jederfrau wirklich gefällt? Es gibt jedenfalls kurzen Jubel nach der Premiere von Regisseur Michael Sturminger frisch auffrisierten „Jedermann" mit dem Traumpaar Lars Eidinger und Verena Altenberger im großen Festspielhaus. Schließlich ist Hofmannsthals Spiel endgültig in der Jetztzeit gelandet.

„. . . in der Jetztzeit mit seinen Theatermoden", um „Krone"-Kulturexperten Thomas Gabler korrekt zu zitieren. In dieser Inszenierung vom Spiel des Sterbens des reichen Mannes hat Verena Altenberger als „Buhlschaft" zwar die Hosen an, sie hat aber weit weniger zu sagen als berühmte Vorgängerinnen. „Ihr Abschied: wortlos, als Tanztheatereinlage auf dem Bauch des Geliebten", so Gabler.

„Jedermann" Lars Eidinger kämpft sich mit viel Engagement durch den letzten Weg des Lebens: im Boxring mit dem Schulknecht bis zum Wortgefecht mit Mammon (Mirco Kreibich), der sich der Begleitung ins Jenseits widersetzt. Was bleibt auf Eidingers letzter Tour? Die Werke, dargestellt vom Ensemble 021. Und seine kindliche Angst, die im Publikum Muttergefühle weckt.

Das flotte Leben des Reichen ist kaum erkennbar, die Mahnungen der Mutter (Angela Winkler) dringen nicht durch, der Schrecken des Todes (doch noch hallend angekündigt durch Jedermann-Rufe) fährt nicht in die Glieder: Edith Clever als „Bot" setzt sich zu Eidinger an die Tafel – der ist aber sowieso schon entblößt bis auf rote Boxershorts.

Was bleibt, sind aber ein paar Szenen, etwa mit Kathleen Morgeneyer als Glaube mit wohl vorgetäuschtem Schwangerschaftsbauch und Teufel Mavie Hörbiger als schriller Gankerl. Im Grunde beweist ihr Auftritt wie jener von Edith Clever: Der Schauder verging, der Tod hat keinen Stachel mehr!

Kurzum: Hofmannsthal Stück ist endgültig in der Jetztzeit mit seinen Theatermoden gelandet.

Im Interview mit Adabei Kálmán Gergely gesteht Lars Eidinger: „Diese Rolle als Jedermann ist die Erfüllung eines Traumes." Zudem hat sich der Berliner in die Mozartstadt verliebt – vor allem was die Kulinarik betrifft. Eidinger ehrlich: „Ich habe die ersten zwei Wochen jeden Tag ein Schnitzel gegessen."

Lars Eidinger als Jedermann mit der Buhlschaft Verena Altenberger: Der interessanten Neubesetzung sollte nun bald auch eine adäquate Neuinszenierung folgen.

Hofmannsthals Drama mit Theatermoden im Heute gelandet

Buhlschaft die Hosen an

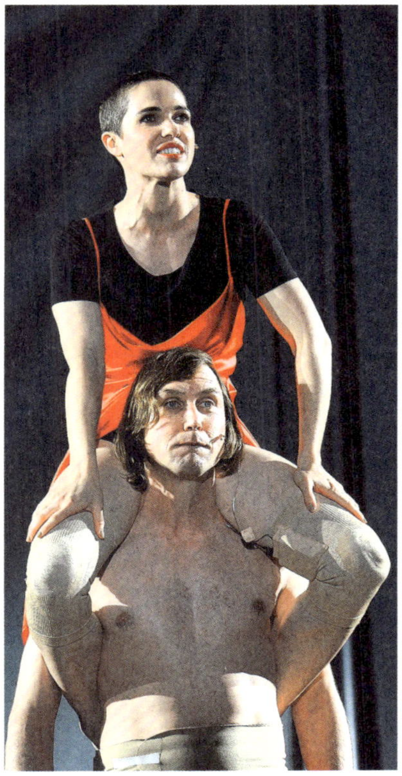

Erste (!) Szene beim Spiel vom Sterben des reichen Mannes. – Die tanzende Buhlschaft.

// SALZBURG

Die zu recht stolze Festspielpräsidentin Helga Rabl-Stadler (r.) empfing Gäste wie die ORF-Lady Claudia Reiterer. NÖ-Landeshauptfrau Hanni Mikl-Leitner stellte sich mit Entertainer Alfons Haider (li.) den Medien.

Betrifft Salzburg

CLAUS PÁNDI

So sind wir

Bei der Eröffnung der Salzburger Festspiele müssen die Gäste heute Maske tragen. Auch der Bundespräsident und der Kanzler. Die Bedeckung von Mund und Nase erinnert alle daran, dass es sich bei der Pandemie um keine beendete Episode nach einer üblen Laune der Natur handelt.

Die Gesellschaft vergisst gerne. Das ist gut und schlecht zugleich. Gut, weil der Mensch mit dem Stress ständiger Angst schwer leben kann. Schlecht, weil wir schneller vergessen, als wir aus Krisen die richtigen Schlüsse ziehen können.

So sind wir.

Auch wenn das Virus durch die Möglichkeit der Impfungen das bedrohliche Ausmaß verloren hat, wäre es fatal, die Realität des Risikos zu ignorieren. Die Erkenntnis, dass wir mit Corona leben müssen, ist trivial. Nicht trivial ist die Frage, wie wir damit leben. Bereits jetzt ist eine Vertiefung der sich schon vor der Pandemie abzeichnenden Gräben erkennbar: zwischen ärmeren und reicheren Ländern ebenso wie im Alltag des Zwischenmenschlichen.

Es ist eine Ironie der Geschichte, dass mit den Impfstoffen eine grandiose Leistung der Wissenschaft den sozialen Zusammenhalt beschädigt. Es prallen skurrile Ansichten von Impfgegnern auf die Rationalität der Geimpften und Impfwilligen.

Allerdings scheinen nicht wenige Geimpfte zu glauben, mit der Immunisierung wären sie vor alle Gefahren der Welt geschützt. Ein Trugschluss, der niemanden überraschen sollte. Mit der Pandemie ist auch ein neuer Sturm der Lügen über uns hereingebrochen.

Es wäre an der Zeit für eine Sprache der Wahrheit.

Streit bei Scheidungsgespräch • Mutmaßlicher Täter ruft Babysitterin und stellt sich

Mutter getötet, Kinder schliefen

Ein Scheidungsstreit in einer Wohnung in Salzburg-Schallmoos endet in einer Tragödie. Obwohl ein Kontaktverbot zu seiner Frau besteht, taucht der eben erst aus dem Gefängnis entlassene Ehemann auf. Der Serbe rastet aus und tötet die 22-Jährige mit einem Küchenmesser während die beiden gemeinsamen Töchter im Haus schlafen.

Soeben erst wieder in Freiheit, stattet der Serbe seiner Noch-Ehefrau, einen Besuch ab. Da er diese über längere Zeit hindurch misshandelt hatte, saß der Automechaniker bereits in U-Haft. Endlich wieder frei, hält er sich jedoch nicht an das gerichtliche Kontaktverbot. Denn er will unbedingt eine Aussprache mit der jungen Rumänin.

„Offenbar ließ sich die Frau aber nicht mehr von ihrem Scheidungswunsch abbringen, worauf der Serbe – für ihn gilt die Unschuldsvermutung – ein Messer nahm und mehrmals auf deren Hals und Brust einstach", berichtet das Redakteurs-Duo Nikolaus Pichler und Markus Tschepp (Fotos).

Nachdem er die Leiche in in einer Couch-Lade versteckt hatte, rief der Ehemann noch eine Babysitterin per Telefon. Danach marschierte der mutmaßliche Täter zur Polizeiinspektion am Hauptbahnhof und legte dort ein Geständnis ab.

Während der 26-Jährige einvernommen wird, wacht die Babysitterin über den Schlaf der beiden Kinder, ein sieben Monate altes Baby und ein dreijähriges Mädchen. Noch weiß die Kinderbetreuerin nicht, dass im Nebenzimmer die Leiche der toten Mutter liegt.

Vergleich zwischen der Stadt und Ex-Bürgermeister Schaden wackelt

Anfang September einigen sich die Stadt Salzburg und Ex-SPÖ-Bürgermeister Heinz Schaden auf einen Vergleich zu den Anwaltskosten in der Swap-Causa. Allerdings wackelt diese Übereinkunft auf eine 250.000-Euro-Zahlung. Denn der Verfassungsgerichtshof in Wien lehnt eine Beschwerde von Schaden kategorisch ab. Der will aber weiterkämpfen. Die Pension des Ex-Bürgermeisters bleibt dennoch reduziert. Nach seiner Verurteilung wegen Untreue in der „Swap-Causa" hatte der ehemalige Stadtchef nämlich seine Politikerpension verloren und dagegen Beschwerde erhoben. „Das ist bitter", so Schaden zur „Krone". Er betrachte Salzburg dennoch als seine Stadt, weil er hier lebe und sich ihr sehr verbunden fühle.

BUNDESLAND IN KÜRZE

Drittes Familiendrama

Ende August tötet ein Pensionist (81) seine Ex-Frau (71) im Pinzgau mit einem Kopfschuss. Beim Versuch, den Sohn (51) zu töten, stirbt er im Kampf. Motiv des dritten Dramas binnen weniger Wochen: Geld & Erbe!

Drogenlenker

In Liefering rast ein Drogenlenker nach einem Streit mit dem neuen Freund seiner Ex-Partnerin mit seinem Mercedes auf diesen zu – Rettung durch einen Sprung zur Seite.

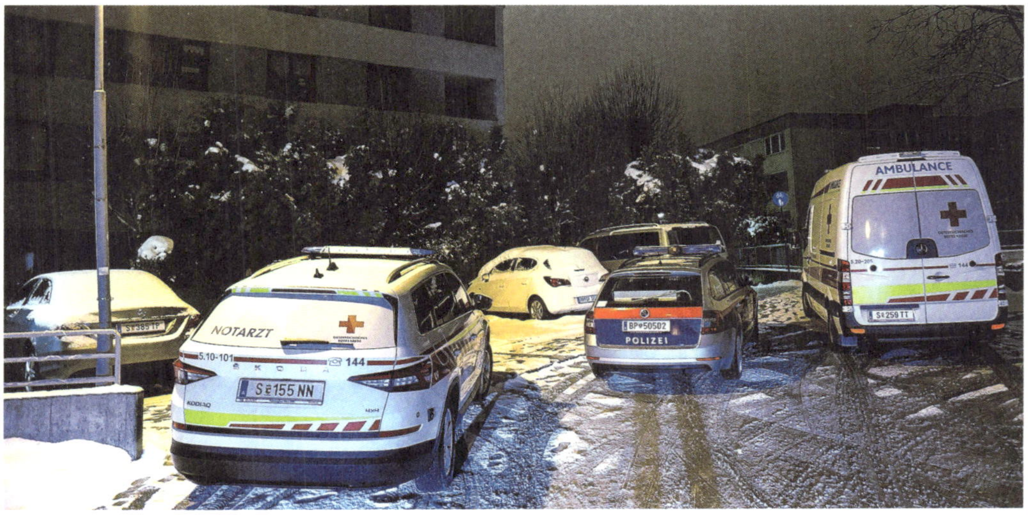

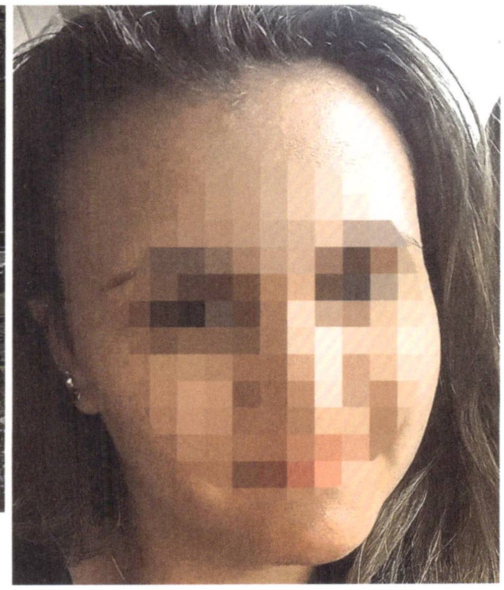

⊙ Einsatzkräfte von Polizei und Rotem Kreuz kümmern sich in der Tatnacht um die beiden Kinder. Diese wissen noch nichts vom schrecklichen Tod ihrer Mutter. ⊙

Bosnier (46) ersticht Ex-Frau mit Schraubenzieher ▸ Der Täter begeht Selbstmord

Todesdrama beim Untersberg

Tagelang gilt ein geschiedenes Ehepaar als abgängig. Suchaktionen werden gestartet. Aber erst nachdem Rettungshund „Ronto“ in einem Wald am Fuße des Untersbergs die Leiche der vermissten Frau aufgespürt hatte, ergeben Ermittlungen, dass diese von ihrem Ex-Mann (47) mit einem Schraubenzieher getötet worden ist!

Hund „Ronto“ (li.), im Bild mit Herrl Th. Figurek, spürte die Leiche auf. Polizisten sicherten den Fundort ab.

Von Anfang an ist es ein rätselhafter Fall. Mehrere Tage lang wird nach dem geschiedenen bosnischen Ex-Ehepaar aus Salzburg gesucht.

Schließlich findet Thomas Figurek (45) aus Großgmain das vermisste Auto der beiden. „Sein Hund ‚Roko‘ von der Staffel des Roten Kreuzes hatte den weißen BMW X3 in einem Waldstück unweit einer Forststraße aufgespürt. Im Auto lag die Leiche der 44-Jährigen“, berichtet „Krone“-Redakteur Antonio Lovric vom makaberen Fund. Im Wageninneren wird auch der Schraubenzieher gefunden mit dem der Ex-Mann (47) Slavica G. erstochen hat. Die in Salzburg lebende Österreicherin mit bosnischen Wurzeln hatte sich mit ihm getroffen, um in Ruhe über einen gemeinsamen Wohnungsverkauf zu sprechen.

Vermutlich waren die beiden bei den Verhandlungen über die Verkaufsmodalitäten oder den Preis in Streit geraten. In der Folge verlor der Mann die Nerven.

Er fügte seiner Ex-Frau mit einem 27 Zentimeter langen Schraubenzieher zahlreiche tödliche Stiche zu. Danach versteckte er ihre Leiche in seinem Auto, flüchtet zu Fuß und nahm sich offenbar einige Tage später das Leben.

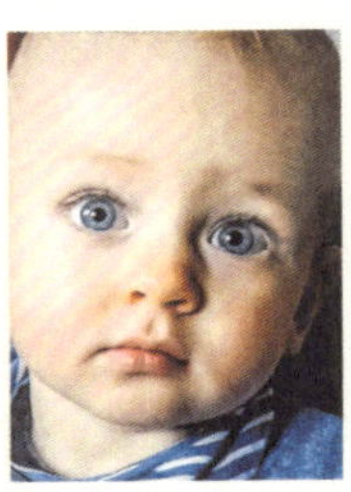

Urteil gegen 2 Ärzte

Dreieinhalb Jahre nach dem Tod des kleinen David nach einer Mini-OP am Salzburger Landesspital können die Eltern endlich aufatmen: Schuldsprüche gegen zwei Ärzte und Bewährungsstrafen wegen fahrlässiger Tötung.

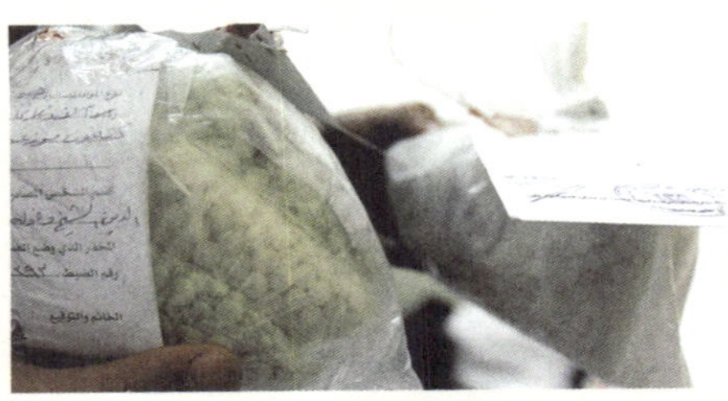

Größter Drogenprozess

Im größten Drogenprozess Salzburgs geht es um den Vertrieb von 13,6 Millionen Stück Captagon-Pillen. Ein Libanese (60) hat mit 13 Komplizen die Dschihadisten-Droge im Wert von 40 Millionen € vertrieben.

Meinert meint

CLAUS MEINERT

Von Jesolo aus Bürgermeister

In meinem nächsten Leben werde ich beruflich andere Wege bestreiten, eine politische Karriere anstreben – Bürgermeister von Innsbruck soll es sein. Da verdient man rund 15.000 € monatlich und kann den Job – der amtierende Georg Willi macht es aktuell vor – auch vom Strand in Italien aus „schupfen". Sozusagen vom Liegestuhl aus oder in einer Pizzeria sitzend, bei einer Ruccola-Pizza und einem Glas Chianti die Landeshauptstadt regieren. Eigentlich unglaublich, was sich Willi traut und vor allem zutraut. Möglich ist das nur, da die anderen Parteien in Innsbruck schwach sind. Die ÖVP mit ihrer Doppelspitze ist orientierungslos, ähnlich die Neos, die, wie auf Bundes- und Landesebene auch, nicht wissen, ob sie mehr Opposition oder doch schon Koalition üben sollen. Die SPÖ in Innsbruck liegt darnieder, ist seit Jahren mit internen Grabenkämpfen beschäftigt. Die einstige Großpartei Für Innsbruck ist auch nur mehr ein bemitleidenswertes Häuflein ohne Initiativen und der Rest sind Mitläufer. Ach ja. Bleibt noch die FPÖ. Die ist zwar zweitstärkste Partei, aber das erkennen andere, insbesondere die Grünen, einfach nicht an und sie mag keiner. Und bevor Willi bei seinem – wohlgemerkt – demokratisch gewählten 1. Stellvertreter, dem blauen Markus Lassenberger, auch nur im Ansatz Amtsprofilierung zulässt, regiert er die Landeshauptstadt eben von Jesolo, Caorle oder von wo auch immer aus. Deshalb will ich in meinem nächsten Leben auch Bürgermeister von Innsbruck werden.

Bürgermeister Georg Willi

Als Mieterin verschwindet, flieg alles auf:

Post-Putzfrau hortet gestohlene Briefe

Da haben wohl Hunderte Menschen vergeblich auf amtliche oder persönliche Briefe gewartet: Bei der Räumung einer verwahrlosten Wohnung in Innsbruck stößt der Vermieter auf säckeweise gestohlene Schriftstücke.

Briefe am Boden und in Säcken liegen verstreut herum.

Als die Ex-Mieterin, Putzfrau bei der Post, plötzlich verschwindet, fliegt alles auf. In der Wohnung liegen aufgerissene Postsendungen, teils verstreut und teils in Säcken. Darunter Weihnachtsbriefe mit offenbar verschwundenen Geldbeigaben, per Einschreiben versendete Reisepässe, Kfz-Zulassungen, Kreditkarten und vieles mehr.

„Einige Schreiben hatten einen sehr persönlichen Hintergrund. So bat ein Vater seinen Sohn um eine letzte Chance für den Familienfrieden. Der Sohn wird davon nie erfahren haben, so der Vermieter nachdenklich.

// TIROL

Kinderwagen rollt nach Spaziergang mit

Ärzte-Wunder:

Drama überstanden: Die Eltern mit Lucians älterem Brüderchen.

Die Wurzeln von 007 liegen in Kitzbühel. Denn der britische Weltkriegs-Spion Conrad O'Brien-ffrench (li.) diente James-Bond-Erfinder Ian Fleming als Vorbild für seine weltberühmte Buchserie. Er lernte den stilvollen, charismatischen „Geschäftsmann" – zuletzt von Daniel Craig verkörpert – vor den Gräuel des Zweiten Weltkrieges in Tirol kennen und war sehr angetan. Bis heute prägen starke Charakter- und Wesenszüge zu dem realen britischen Spion die Roman-Hauptfigur.

kleinem Bub in Tiroler Bach ➤ Mutter springt hinterher ➤ Lucian wird wieder gesund

„Eine Armee von Schutzengel"

Durch diese Schleuse werden Mutter & Kind gespült.

Unfassbares Drama in Tirol! Ein Kinderwagen rollt mit einem kleinen Buben in den Gurglbach – die Mutter springt heldenmutig nach, beide werden gerettet! Ärzte vollbringen ein medizinisches Wunder: Der 14 Monate alte Lucian ist wieder pumperlgesund. „Uns stand eine Armee von Schutzengeln zur Seite", so die 39-Jährige.

Zum Gassigehen mit ihren Hunden ist die zweifache Mutter (39) am Gurglbach in Imst unterwegs. Ihr Sohn (2) marschiert neben ihr, der kleinere (14 Monate) sitzt im Wagerl. In einem kurzen unbemerkten Moment passiert der Albtraum: Der Kinderwagen rollt ins Wasser!

Im Schock springt die Tirolerin hinterher. Dabei werden Mutter und Kind durch eine Schleuse gespült. Beide können von Zeugen aus den Fluten gerettet werden. Ärzte im Uniklinikum Innsbruck kämpfen um das Leben des kleinen Lucian.

Mehrere Wochen nach dem Kinderwagen-Drama dann das glückliche Ende. Denn der Bub ist wieder pumperlgesund. Mit der „Krone" spricht die junge Frau über ihre Gefühle und Ängste. „Ich bin allen Rettern so unendlich dankbar, dass mein Kind da und völlig gesund ist", so die 39-jährige Mutter Daniela.

Vater Martin erinnert sich an den ergreifenden Moment, als sein Sohn aufwacht: „Er hat sofort meine Hand gedrückt. Da wusste ich, dass alles passt."

Verdächtiger Tiroler tischt binnen weniger Tage zwei Motive auf:

Messer-Mord in Kufstein, um in Häfen zu landen – oder Rache?

Einen Mord begehen, um ins Gefängnis zu kommen? Dieses irre Tatmotiv soll einen Tiroler (29) dazu bewogen haben, einen Einheimischen in Kufstein zu erstechen. Dann die überraschende Wende . . .

Hier am Innufer kam es zu der tödlichen Messer-Attacke

Denn sein Rechtsanwalt Alexander Swancar tischt einige Tage nach der Messer-Attacke ein ganz anderes Motiv für den blutigen Hinterhalt am Innufer auf. Demnach sei der 77-jährige Einzelgänger kein Zufallsopfer gewesen.

Sein Mandant (29) beteuert vielmehr, dass ihn der Einheimische einst als Kind missbraucht habe. Lange habe er die sexuellen Übergriffe des ehemaligen Nachbarn verdrängt – bis alles aus ihm herausgebrochen sei.

Für den zuständigen Innsbrucker Staatsanwalt Hansjörg Mayr ist die plötzliche Kehrtwende des Beschuldigten neu: „Diese Version hat der 29-jährige Verdächtige weder bei der Polizei noch vor dem Haftrichter erzählt." Der Prozess wird jedenfalls spannend.

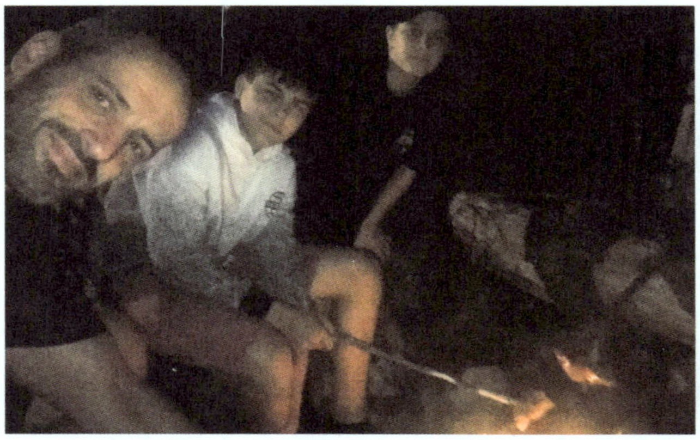

Gruselige Begegnung mit einem Wolf in Schmirn in Tirol. Denn während Alfred S. mit seinen beiden Patenkindern im Alter von 13 und 14 Jahren am Lagerfeuer sitzt (Bild), taucht das Raubtier plötzlich hinter dem Haus am Waldrand auf und bleibt knurrend stehen. „Er war nur zwei Meter entfernt", schildert der 40-Jährige.

Landeshauptmann

Beben

Binnen zwei Stunden werfen zwei enge und langjährige Wegbegleiter von Tirols ÖVP-Chef Günther Platter in der Politik hin. Zuerst tritt Landesrätin Patrizia Zoller-Frischauf zurück, kurz darauf folgt ihr Bernhard Tilg nach.

Um exakt 18.12 Uhr an diesem 4.Mai lässt Wirtschaftslandesrätin Patrizia Zoller-Frischauf eine politische

BUNDESLAND IN KÜRZE

Vater tötet Töchter

Wenige Tage nach Weihnachten tötet ein Vater seine beiden kleinen Töchter (2 und neun Monate alt) im Ötztal. Der Gutachter spricht beim Prozess von einem „Mord aus Liebe" - 20 Jahre Haft.

Swarovski-Abschied

Tiefe Trauer im Wattenser Kristall-Imperium: Gernot Langes-Swarovski, früherer geschäftsführender Gesellschafter und ein großer Fußballmäzen, stirbt im Alter von 77 Jahren.

Turnschuhe auf der Zugspitze

„Ausgerüstet“ mit Turnschuhen und völlig erschöpft schlagen zwei junge Deutsche auf dem Weg zur Zugspitze Alarm. Das Pärchen gerät in einen Schneesturm, kommt weder vor noch zurück. Die Tiroler Bergretter von Lermoos und Ehrwald bergen die erschöpften und unterkühlten Ausflügler, die trotz aller Warnungen und Wetterberichten von der Wiener Neustädter Hüttel auf mehr als 2000 Meter Seehöhe aufgebrochen sind.

von eigenen Vertrauten überrascht und geschwächt ▸ Zwei Abschiede am selben Tag:

nach Rücktritten in Tiroler Politik

Bombe hochgehen. Bereits nach der Landtagswahl 2018 habe sie für „mich persönlich beschlossen, dass ich zur Halbzeit der Legislaturperiode in den Landtag wechseln werde.“ Insider sehen freilich heftige Differenzen nach dem Tiroler Test-Skandal als Grund.

Selbst Platter wird von der Entscheidung einer Mitstreiterin, die ihn 13 Jahre auf der Regierungsbank begleitet hat, überrascht.

Dem Polit-Beben nicht genug, nimmt zwei Stunden später auch Gesundheitslandesrat Bernhard Tilg, der nach seinen Aussagen zur Ischgl-Affäre („Die Behörden haben alles richtig gemacht“) höchst umstritten ist, den Hut. Trotz aller Turbulenzen betont der Tiroler Landeshauptmann aber: „Ja, ich werde bei der Landtagswahl 2023 wieder antreten. Damit ist diese Kernfrage auch beantwortet.“

Bild aus besseren Zeiten: Tilg und Zoller-Frischauf treten zurück

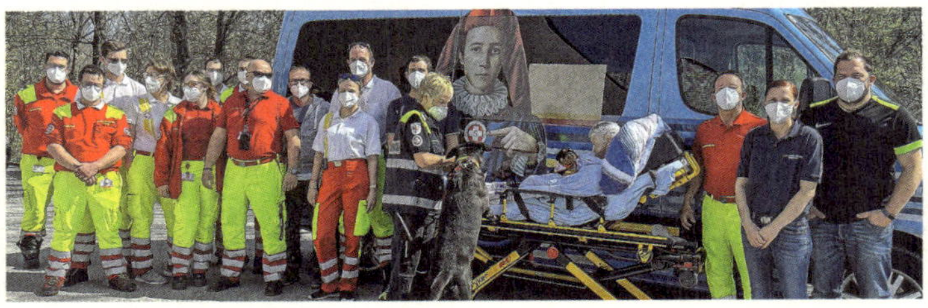

▸ Letzter Wunsch

Der Samariterbund ermöglicht mit der „Wunschfahrt“ schwerkranken Menschen in ihrer letzten Lebensphase eine berührende Reise zu einem Sehnsuchtsort. So wie hier für Kathi (86) aus Wildschönau.

▸ Familiendrama

Der heftige Streit zwischen einem 52-Jährigen und seinen Sohn (29) im Bezirk Kufstein endet für den Vater tödlich. Er dürfte nach einem Faustschlag unglücklich gestürzt sein.

Conférencier Nikolaus Haban. Olivier Tambosi führt Regie, die allerdings von manchen Zuschauern Buh-Rufe erntet.

Riesenfreude in Bregenz über Premiere

75. Festspiele

„Wir können wieder vor vollem Haus spielen", strahlt Elisabeth Sobotka, Intendantin der Bregenzer Festspiele. „Sie freut sich, dass ‚durch das Zusammenspiel von Kunst und Natur' die Zuschauer wieder ein besonderes Erlebnis haben", so „Krone"-Kunstdoyen Roschitz.

Bregenz feiert sein 75-jähriges Bestehen. Es gibt die traditionelle Eröffnung mit Präsident Hans-Peter Metzler und Kulturstadträtin Andrea Mayer. Bundespräsident Alexander Van der Bellen nimmt die Eröffnung vor. Nur der Festspielempfang muss wegen der Covid-

Inszenierung mit Clownkopf sorgt erneut für Furore

Auf der Seebühne wird wieder Verdis „Rigoletto" aufgeführt

Bereits bei der Premiere 2019 war Giuseppe Verdis „Rigoletto" ein echter Publikumsrenner. Das außergewöhnliche, fast surreale Bühnenbild mit dem riesigen Clownkopf samt mobilen Händen begeistert die Besucher abermals.

Wobei heuer zusätzliche technische Neuerungen für noch besseren Klang sorgen: Unter 30 Sitzreihen wurden 270 weitere Lautsprecher im Zentrum des Besucherbereiches angebracht. Somit sorgt die mehr als acht Millionen Euro teure Anlage für spektakulärste Technik.

„Regie und Bühne von Philipp Stölzl, die bunten schrillen Kostüme von Kathi Maurer und die beeindruckende Lichtregie von Georg Veit und abermals Philipp Stölzl, erschaffen erneut eine fast hypnotische Dimension", so „Krone"-Redakteur Florian Krenstetter, „die Titelrolle wurde Vladimir Stoyanov anvertraut. Sein facettenreiches Spiel macht Rigoletto zum vielschichtigen Charakter."

Rafael Rojas überzeugt als Kaiser Nero. – Das Sänger-Ensemble erntet höflichen Applaus des Publikums.

Terror im römischen Kaiserreich: Arrigo Boitos Opernrarität „Nerone“ in Olivier Tambosis Regie im Bregenzer Festspielhaus.

// VORARLBERG

vor vollem Haus ▸ Das gewagte künstlerische Experiment begeistert auch das Publikum

eröffnen mit der Oper „Nerone“

Pandemie abgesagt werden. Eröffnet werden die Jubiläumsspiele mit einem künstlerischen Experiment: Bregenz startet am 21. Juli mit Arrigo Boitos Opernrarität „Nerone“ im Festspielhaus.

In der 1875 entstandenen und 1924 an der Mailänder Scala unter Arturo Toscanini uraufgeführten Oper dreht sich alles um den römischen Kaiser Nero, den Inbegriff des Bösen.

Boito hat fünfzig Jahre kontinuierlich am Werk gearbeitet und es dennoch nicht vollendet, der fünfte Akt fehlt. Doch die Qualität der Musik begeistert das Publikum. „Beim Erscheinen des Dirigenten Dirk Kaftan brechen die Gäste in Jubel aus, die Wiener Symphoniker werden gefeiert.

„Tatsächlich hält einem der orchestrale Part wie auch der fabelhaft singende Prager Philharmonische Chor bei Laune. Viele instrumentale Soli und plastische, ja sprechende Klangbilder“, so die positive Kritik von „Krone“-Kulturredakteurin Anna Milka. Von der Bühne kam allerdings eher Verwirrendes, wobei das an den dramaturgischen Schwächen des Stückes liegen dürfte. Dafür erlebt man Rafael Rojas als Nero, der kraftvolle Höhen stemmt.

Eine Aufführung als Experiment, das wohl nirgends wiederholt werden kann.

Regisseur Philipp Stölzl versetzt Giuseppe Verdis „Rigoletto“ ausdrucksstark in eine fantastische Zirkuswelt auf der Bregenzer Seebühne.

Der Bürgermeister ist verärgert

Michael Ritsch zieht Landespartei-Reißleine

Knalleffekt in der Vorarlberger SPÖ: Michael Ritsch legt seine Funktion innerhalb der sozialdemokratischen Landesorganisation zurück. Er sei von den Vorgängen in der Partei, vor allem von dem Abhörskandal rund um den Konflikt mit Klubomann Thomas Hopfner, enorm enttäuscht. Bürgermeister und Parteimitglied bleibt Ritsch allerdings. Diese Entscheidung wird vom Noch-Parteivorsitzenden Martin Staudinger voll respektiert.

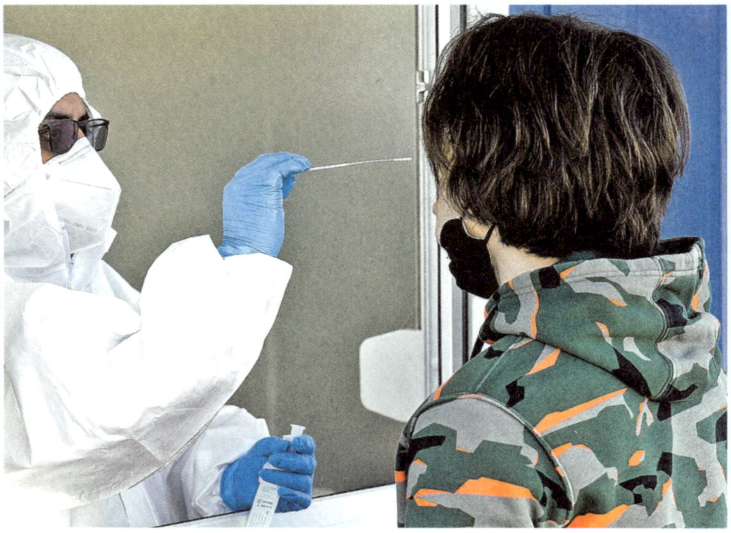

Heimliche Helden in der Krise

„Ohne die jungen, klugen Köpfe der Landeswarnzentrale wäre Vorarlberg nicht ‚Test-Weltmeister'. Denn neben dem Mitaufbau der Test- und Impfinfrastruktur haben sie dafür gesorgt, dass die technische Umsetzung im Ländle reibungslos funktioniert", so bringt Redakteur Philipp Vondrak die Leistung der „heimlichen Helden" auf den Punkt. Die innovativen IT-Lösungen unter Leitung von Koordinator Philipp Bachmann haben bundesweit bereits Aufmerksamkeit erlangt. Dank der digitalen Abwicklung können pro Woche sogar 130.000 Test durchgeführt werden.

Sicherheitspakt zwischen Bund und Vorarlberg:

Zwei schnelle Eingreiftruppen für effizientere Polizeiarbeit

„Die Polizei erhält Verstärkung! Einerseits gibt es zwei neue Einsatzgruppen, die auf Gefahrensituationen reagieren sollen, andererseits werden Planstellen aufgestockt. Dazu kommt die Errichtung eines neues Sicherheitszentrums", das kündigt Landeshauptmann Markus Wallner gemeinsam mit Innenminister Karl Nehammer an. Konkret werden die Planstellen von 957 auf 1100 anwachsen. Bei den Eingreiftruppen handelt es sich um eine Bereitschaftseinheit (BE) sowie eine schnelle Interventionsgruppe (SIG). Die 38 Mann starken Kommandos sollen bei Gefahrensituationen rasch verfügbar sein. Und: Das Sicherheitszentrum soll in Feldkirch Gisingen entstehen.

LH Markus Wallner und Innenminister Karl Nehammer

BUNDESLAND IN KÜRZE

Campus eröffnet

Drei Jahre lang wurde an dem Mammutobjekt Campus Nüziders gebaut. Im Oktober wird es eingeweiht. Das 20-Millionen-Euro-Projekt vereint Kindergarten, Musikschule und auch eine Kletterhalle.

Kurioser Überfall

Ausgerechnet an ihrem allerersten Arbeitstag wird in Bregenz eine junge Kassierin in einem Supermarkt von einem Messermann überfallen und beraubt. Der Täter entkommt.

Beschluss vom 12. April fixiert, dass das Gemeindezentrum in der Dorfmitte entsteht

Gemeindezentrum in Dorfmitte bloß mit Minimaländerung

Nur optische Verkleinerung: Megabau in Lechs Zentrum

In Lech findet eine bemerkenswerte Gemeindevertretersitzung statt, in der sich eine Mehrheit für eine leicht eingeschrumpfte Variante des Gemeindezentrums bildet. Der Plan, die beiden Gebäude um ein Stockwerk zu reduzieren, setzt sich nicht durch.

Somit wird die Tatsache geschaffen, dass der Bau nur optisch verkleinert wird. Das umstrittene Bauwerk wird errichtet – und zwar in voller Höhe!

Wie Bürgermeister Stefan Jochum bekannt gibt, wurde über zwei Varianten der Verkleinerung diskutiert. Die Alternative, dass beide Gebäude mit einem Stockwerk weniger auskommen sollten, fand aber keine Mehrheit.

Nur eine geplante Holzverkleidung auf Dachebene fällt weg. Dadurch wirkt das Gebäude optisch kleiner. Die Dachterrasse wird von Technikelementen befreit, und auch die Bar am Dach bleibt – allerdings ebenso in einer abgespeckten Form. Was das für die finanzielle und vor allem die infrastrukturelle Zukunft von Lech am Arlberg bedeutet, wird erst die Zukunft zeigen.

Lechs Bürgermeister Stefan Jochum

Haben wir etwas verpasst?

Ist am Arlberg letztens ein geophysisches Wunder passiert und niemand hat's gemerkt? Wurde Lech am Montagabend, also während die Gemeindevertreter zusammenkamen, um über das Gemeindezentrum zu debattieren, aus seiner Verankerung am Arlberg gerissen und nach Nordkorea verfrachtet? Oder nach China?

So verwegen diese Theorie auch sein mag, es spricht doch einiges dafür: So mussten sich in erwähnter Sitzung Mandatare dafür rechtfertigen, „mit der Zeitung" gesprochen zu haben. Genauer, mit der „Kronen Zeitung". Huch, wie konnte das passieren?

Wissen denn die getadelten Volksvertreter nicht, dass in Lech zu bleiben hat, was in Lech so vor sich geht? Kann es sein, dass die gewählten Volksvertreter der irrtümlichen Meinung sind, dass man es öffentlich machen darf, wenn 40 Millionen Euro auf dubiose Art und Weise in einer Baugrube der Scheußlichkeiten versenkt werden? Glauben denn die demokratisch gewählten Volksvertreter wirklich, dass Pressefreiheit keine Grenzen kennt?

Bei der Sitzung wurden die Dinge jedenfalls wieder klargestellt: Erstens wurden die dreisten Nestbeschmutzer darauf hingewiesen, dass die Kreuze schon bereitstehen, sollten sie es wagen, noch einmal mit der „Kronen Zeitung" zu sprechen. Zweitens wurden bereits sämtliche im Dorf kursierende Ausgaben der „Kronen Zeitung" konfisziert, um gegebenenfalls die Scheiterhaufen ordentlich anfeuern zu können.

Nunja, wir hoffen jedenfalls, dass es bald zu einem zweiten Wunder in Lech kommen wird – diesmal zu einem demokratiepolitischen.

Der „Krone" wär's jedenfalls eine Schlagzeile wert.

Angelika Drnek

Globale Holzhamster

Da China und die USA gigantische Mengen an Holz hamstern, ist der Weltmarkt völlig aus den Fugen geraten. Preissteigerungen und Bauverzögerungen sind die Folge. Die Sägewerke allerdings haben eine erfreuliche Auftragslage.

Wettbewerb der Köche

Bei den „XibergSkills" treten in Dornbirn zahlreiche Jungköche und -köchinnen gegeneinander an. Wobei dieser Bewerb nur etwas für Leute mit Nerven aus Stahl ist. Bester Ländle-Koch wird Elias Keckeis.

Kurz mal weg - der historische Abgang als Bundeskanzler bzw. politische Schritt zur Seite

Die besten Sprüche 2021

Zum Schmunzeln und zum Nachdenken: Was Prominente im Laufe des Jahres 2021 in der Öffentlichkeit von sich gegeben haben . . .

„Ich werde mich mit aller Kraft gegen die Anschuldigungen wehren. Dieser Schritt ist kein leichter für mich. Ich bin auch nur ein Mensch mit Emotionen und Fehlern. Mein Land ist mir wichtiger als meine Person. Was es braucht, sind stabile Verhältnisse."

ÖVP-Chef Sebastian Kurz in seiner Rücktrittsrede als Bundeskanzler nach den Razzien der Staatsanwaltschaft in der Parteizentrale und am Ballhausplatz.

„Es ist ein erschreckendes Sittenbild im Machtzentrum der ÖVP. Der jetzige Bundeskanzler ist nicht mehr amtsfähig. Die ÖVP muss nun eine untadelige Person vorschlagen."

Vizekanzler und Grünen-Chef Werner Kogler erhöht am Tag vor dem Abgang nochmals ordentlich den Druck auf den türkisen Koalitionspartner.

„Sie fragen sich vielleicht, was ist denn jetzt schon wieder passiert. Das ist aber eine Regierungs- und keine Staatskrise. Es wird nicht passieren, dass die Republik aus dem Gleichgewicht kommt. Dafür wird einmal mehr unsere unerschütterliche Verfassung sorgen."

Bundespräsident Alexander van der Bellen als Fels in der Brandung.

„Es ist eine enorm herausfordernde Aufgabe und Zeit".

Noch-Außenminister und Neo-Kanzler Alexander Schallenberg.

„Die KPÖ verkauft sich als kommunistische Caritas."

Der steirische Politologe Klaus Poier in der „Wiener Zeitung".

„Die letzte Steuersenkung für uns gab es vor 16 Jahren, als es noch kein YouTube und kein iPhone gab."

Industrie-Präsident Georg Knill

„Man warnt die Leute nicht erst, wenn der Sturm bereits auf Land getroffen ist, sondern bereits wenn man den Hurrikan auf Satellitenbildern sieht. Generell muss man auf steigende Infektionszahlen schnell reagieren und nicht zwei Wochen über diverse Beschränkungen verhandeln"

Komplexitätsforscher Peter Klimek

„Es liegt mir fern, aufgrund eines Impfstatus Menschen von meinen Konzerten auszuschließen. Jeder sollte frei sein, selbst zu entscheiden, ob er sich impfen lassen will oder nicht".

Austro-Barde Reinhard Fendrich zu den 2-G-Regeln für sein Konzert.

„Es war an der Zeit, diesen Krieg zu beenden.

US-Präsident Joe Biden verteidigt den chaotischen Abzug der amerikanischen Streitkräfte aus Afghanistan.

„Sebastian Kurz geht als Kanzler, das System Kurz bleibt. Kurz wird Schattenkanzler und wird weiter die Fäden ziehen."

SPÖ-Chefin Pamela Rendi-Wagner nachdem sie schon so knapp am Kanzleramt dran war.

„Der Amor hat mich so gepackt, ich weiß nicht, was man dazu sagt. Es wird Zeit, dass wir uns verloben."

Baumeister Richard Lugner macht seiner Simone mit 89 einen Antrag.

Schallenberg: „Herausfordernde Aufgabe"

Besorgt: SPÖ-Chefin Pamela Rendi-Wagner

Die erste Umarmung, so der Titel des Siegerbildes, mit dem der dänische Fotograf Mads Nissens den ersten Platz beim „World Press Photo Award" erringt. Auf berührende Art zeigt das Weltpressefoto des Jahres, wie die an Covid-19 erkrankte 85-jährige Rosa Luzia Lunardi in São Polo, Brasilien, von Krankenschwester Adriana zum ersten Mal seit fünf Monaten umarmt wird. Die Pflegerin trägt dabei einen Plastikumhang, der Berührungen ohne direkten Körperkontakt möglich macht. Durch die besondere Form des Umhangs erscheint die Pflegerin wie ein ein Engel. „Für mich ist das eine Geschichte von Hoffnung und Liebe in schwierigsten Zeiten", so der Fotograf.

PERSONENREGISTER

BILDNACHWEIS

Adam Schultz-Weißes Haus, AFP, Alexander Schwarzl, Alexander Tuma, Alfred S., Andi Schiel, Andreas Fischer, Andreas Tischler, Andreas Tröster. AP, APA, archive pods, ASFINAG, Babiradpicture, BBC, Benedikt Jahn, Bergrettung Ehrwald, BKA, Bundesheer, Bundesheer, Bundeskanzleramt, Carabinieri, Chan Thean Chie, Christian Jauschowetz, Christian Jungwirth, Christian Schulter, Christian Weser, Christof Birbaumer, Christoph Matzl, Claudia Fischer, Daniel Liebl, Daniel Raunig, Daniel Scharinger, Dietmar Mathis, EPA, Erwin Jannes, Evelyn Hronek, EXPA, Feuerwehr, Fox News, Franz Crepaz, Franz Neumayr, Freiwillige Feuerwehr, Gabriele Moser, Georg Diener/Agentur Diener, Georg Köchler, GEPA, Gerhard Laister, GLOBAL 2000, Gregor Brandl, Hannes Wallner, Harald Dostal, Hermann Sobe, Hermann Wakolbinger, Imre Antal, James Cleverly, Jürgen Radspieler, KABEG, Karl Forster, Karl Schöndorfer, Klemens Groh, Landesimmobilien Burgenland, Lina Tesch, Linz Tourismus, Markus Frühmann, Markus Schütz, Markus Tschepp, Markus Wenzel, Martin A. Jöchl, Mathis Bothor, Matthias Baus, Matthias Fischer, Maurice Shourot, NASA, NLK Pfeffer, ÖAMTC, ORF, Patrick Huber, People Picture, Peter Tomschi, Polizei, PRO7, Ralph Pace, Reinhard Holl, Reinhard Judt, Reuters, Robert Tauschmann, Samariterbund Tirol, SEPA, Sepa Media, Sepp Pail, Servus TV, Sky, Sony Pictures, Stadt Wien, Stefan Hofer, Stefan Steinkogler, System Change, Textart, Theater an der Wien, Universal Pictures, Viennareport, Vitaclub Mondsee, Votava, Weboffice IT-Service, Werner Berg Museum, Werner Kerschbaummayer, Wulf Scherbichler, WWF, ZAMG

SCHUTZUMSCHLAG

AFP, APA, Chaluk, REUTERS

Für die Mitarbeit danken wir unseren Kollegen, den Kolumnisten, Redakteuren, Reportern, Fotografen, dem Grafik-Team und den Karikaturisten der „Kronen Zeitung".
Insbesondere der ebenso unermüdlichen wie kreativen „Krone"-Layout-Mannschaft Georg Erhart, Mario Hölzl, Viola Schmid und Christian Wawra sowie unserem sorgfältigen Archivar Martin Kriegel.
Dank auch an das Ueberreuter-Team, stellvertretend an Verlags-chefin Birgit Francan und Koordinatorin Sabine Gampenrieder, die auch als eifriger Buchstabenengel dem Druckfehlerteufel einen heroischen Kampf geliefert hat.

Christoph Matzl & Christoph Budin

Kronen Zeitung

ZUM SAMMELN UND SCHENKEN

SCHLAGZEILEN 2021

„Schlagzeilen, die Österreich bewegten" so hieß 1990 der erste „Krone"-Band, der 90 Jahre österreichische Geschichte aus journalistischer Sicht porträtierte. Ein Pilotprojekt mit Riesenerfolg und „Kindern": Mittlerweile gehören die Jahresrückblicke, aufgearbeitet in der vertrauten Form täglicher Zeitungsseiten, schon zur Tradition. Eine Rückschau im Jahresrhythmus heißt Chronologie, Chronologien aneinandergereiht werden Geschichte, alles zusammen ist unser Leben. Mit dem vorliegenden Band, mittlerweile der 32. in dieser Reihe, verlieren die Jahreszahlen ihre Anonymität und werden gewissermaßen zum Tagebuch des Selbst- und Miterlebten, ein Nachschlagewerk für die ganze Familie, ein Sammlerstück. Ein Buch der Erinnerungen, in dem es den Autoren gelungen ist, Unterhaltung und Weltpolitik, Skandale und Kuriositäten, große und kleine Schlagzeilen einander so ausgewogen gegenüberzustellen, dass trotz aller Gräuel und Schrecken des vergangenen Jahres auch Optimismus, Hoffnung und Erfreuliches vermittelt werden.

MARIO PATRICK ABERL • ELISA JOHANNA ASCHBACHER • GERNOT BACHLER • CHRISTOP
BLÜMEL • RAINER BORTENSCHLAGER • GREGOR BRANDL • HANS PETER BRANDSTETTER •
DEDAGIC • RENÉ DENK • CHRISTOPH DICHAND • ANGELIKA DRNEK • HARALD DWORAK
FRAISL • PETER FRAUNEDER • PETER FREIBERGER • NIKOLAUS FRINGS • THOMAS GABLER •
GASSLER • KALMAN GERGELY • GABRIELA GÖDEL-NASSAUER • ERNST GRABENWARTER • BENI
GRILL • FLORIAN GROEGER • ROBERT GROISS • PETER GROTTER • FABIENNE GRUBER • GERNOT
HAUENSTEIN • KLAUS HERRMANN • FLORIAN HITZ • VERENA HÖCHSTÄTTER • GERALD HO
HONDL • PATRICK HUBER • NADINE ISSER • MICHAEL JAKL • MICHAEL JEANNEE • HARALD
KIRCHTAG • PETER KLEINRATH • NIKOLAUS KLINGER • PETER KLOEBL • EVA KNECHTE
KOGLER • CHRISTINA KOPPELHUBER • CHRISTOPH KOTHGASSER • FLORIAN KRENSTETTER
KURZ • CARINA LAMPETER • MATTHIAS LASSNIG • THOMAS LAUBER • GEORG LEBLI
LEMBERGER • KONRAD LENZ • MARIE-THERESE LEOPOLDSBERGER-PRIBIL • IRINA LINO
MATZL • CHRISTIAN MAYERHOFER • CLAUS MEINERT • HANNAH MICHAELER • CHRISTO
MOEDL • PETER-PAUL MOIZI • ANDREAS MOSER • HANNES-GUNTRAM MÖSSLACHER • KA
NAGL • BIANCA NASTL • SANDRA MARIA NEMETSCHKE • PHILIPP NEUNER • NORBERT
ORTNER • JUERGEN PACHNER • JOHANN PALMISANO • CLAUS PANDI • OLIVER PAPACE
PLIESCHNIG • WERNER PÖCHINGER • KARIN PODOLAK • OLIVER POKORNY • CHRISTIAN
PSUTKA • MARGARETE RADLINGER-ENTENFELLNER • SANDRA RAMSAUER • ELISABETH RATHE
RICKER • KRISTINA RIEGEBAUER • MONIKA RISSEL • KARIN ROHRER-SCHAUSBERGER • FELIX R
SCHENZ • SANDRA SCHIEDER • SONJA SCHLINGENSIEPEN • KARIN SCHNEGDAR • LUKAS SCHN
SCHUETZ • MARIE CAROLIN SCHULZ • MANFRED SCHUMI • ALEXANDER JOHANNES SCHW
SEINITZ • VERGIL SIEGL • VOLKER SILLI • VALENTIN SNOBE • TERESA-ANTONIA SPARI • PETER
STEINER • HANNES STEINER • JASMIN STEINER • STEFAN STEINKOGLER • LISA STOCKHAMM
THOMAS • CHRISTOPHER THOR • CLAUDIA THURNER • SAMUEL THURNER • PAUL TIKAL •
TRAMPOSCH • MARCEL TRATNIK • CLAUDIO TREVISAN • CLAUDIA TROESTER • FRANZISKA
WALCHER • JOHANNES WALLNER • EMANUEL WALSER • KERSTIN WASSERMANN • PE
WERTH • PETER WIESMEYER • BARBARA WINKLER-KRASSNIGG • VERONIKA WUNDERB